물음표혁명

물음표혁명

초판 1쇄 인쇄 2014년 7월 20일
초판 1쇄 발행 2014년 7월 30일

지은이   김재진
펴낸이   이기동
편집주간 권기숙
마케팅   유민호 이동호
주소   서울특별시 성동구 아차산로 7길 15-1 효정빌딩 4층
이메일   previewbooks@naver.com
블로그   http://blog.naver.com/previewbooks

전화   02-3409-4210
팩스   02-3409-4201
등록번호 제206-93-29887호

교열   이민정
디자인   씨오디
인쇄   상지사 P&B

ISBN   978-89-97201-17-4 13190

지 구 별 여 행 중 길 을 잃 은 그 대 에 게

물음표혁명

김재진 지음 · 정일모 그림

도서
출판 프리뷰

이 시대의 젊은이들에게 이 책을 바칩니다.

세상에 물음을 던지는 사람은 행복하다

사는 것이 답답하다고 한다. 볼 것이 이렇게 많고 듣고 들리는 것이 이렇게 많은데 사람들은 왜 답답하다고 할까? 아는 것이 이렇게 많고 배울 것이 이렇게 많은데 왜 답답하다고 할까? 그것은 답을 갖고 살기 때문이다. 이미 답을 갖고 있어 그 답에 삶을 맞추려고 해서 '답답'한 것이다.

삶은 답을 달아야 할 문제가 아니라 물음을 갖고 물음을 통해서 만나가는 경험이고 신비이다. 그래서 물음을 가진 사람들은 삶이 답답하지 않고 재미있다. 흥미롭고 아름답다. 활기차고 신이 난다.

이 세상에 빛나고 있는 문화나 문명, 예술과 작품은 다 물음을 가졌던 사람들이 만들어낸 것이다. 어른들에게는 물음이 없다. 이미 답을 갖고 있기 때문이다. 오히려 묻는 것을 귀찮아한다. 그러나 아이들은 물음이 그치지를 않는다.

"아빠, 이것은 뭐야?"

"소나무야."

"왜 소나무야?"

"…"

"시골은 누가 만들었어?"

"시골 빗소리는 왜 이렇게 커요?"

물음을 잊은 사람들, 마침표를 찍는 사람들, 즉 이미 답을 갖고 사는 사람들이 사는 세계에 물음을 가진 한 사람이 나타났다. 바로 김재진 선생님이다. 그는 초등학교 선생님이다.

내가 김재진 선생님을 처음 만난 것은 그가 철도청 공무원으로 일하던 시절이었다. 내가 인도하는 집단 상담 프로그램에서였다. 그 후로 그는 아주 성실히 수련을 해 나가더니 드디어 자기가 진정으로 하고 싶은 일을 발견한다.

그것은 바로 '나는 초등학교 선생님이 되고 싶다!'였다. 자기 꿈을 발견한 것이다. 사표를 내고 재수를 하더니 한국교원대에 들어가 초등학교 선생님이 되었다. 꿈을 이룬 것이다. 그때부터 그는 열과 성의를 다 바쳐서 아이들을 가르치고 있다.

김재진 선생님은 학교에서 생기 없고 호기심 없는 아이들을 만난다. 이런 초등학생들을 만나면서 그는 물음을 갖게 됐다. 그런 중에 물음표혁명이 자기 안에서 먼저 일어났다. 그의 머릿속에서 전두엽이 켜지고 꿈이 켜진다.

목표를 정하고 그 길을 살고 있는 그에게는 물음표를 잊고 마침표만 찍고 사는 아이들, 이미 답을 갖고 사는 아이들이 보였던 것이다. 물음표를 잊고 사는 아이는 죽은 아이이다. 새로움과 창조성을 잃은 아이들이라면 이미 아이가 아니고 기성세대나 마찬가지다. 매사가 '늘~ 그런 것'으로밖에 보이지 않는 늙은이와 다를 바가 없지 않겠는가? 물음이 없으니 새로운 생각, 새로운 문화, 새로운 문명을 일으킬 수 없는 것은 당연하다. 장래가 없는 것이다.

마침표가 아니라 물음표를 만나 물음표 혁명가로서의 삶을 살고 있는 그는 이 책을 통해 자기 고백과 함께 어떻게 하면 물음표종이 될 수 있는지 그 길을 제시하고 있다. 그리로 찾아가는 길을 아주 쉽고 재미있게 안내한다. 읽어 가다 보면 감동이 일어날 것이다. 읽는 사람 스스로 인생을 제대로 살고 싶다는 동기유발을 만나게 될 것이다.

어떻게 태어난 인생인데, 어떻게 맞이한 삶의 기회인데 물음표 없이 그냥 살 수는 없지 않은가. 느낌표 없이 살 수는 없다. 물음표 없이 사는 삶은 노예와 다를 바 없다. 느낌표 없이 사는 삶은 형벌이다.

이 책을 만난 사람들은 참 복 있는 사람들이다.

삶을 예술로 가꾸는 사람들
대표 장 길 섭

Dear
지구별 여행 중 길을 잃은 그대에게

마침표를 버리고
물음표를 만나다!

행정직 공무원을 하다가 '내가 정말 하고 싶은 일은 뭘까?'라는 물음표에 꽂혀 24시간을 살았던 때가 있었다. 21일을 꼬박 고민하고 나서야 '아~ 나는 아이들을 좋아하는구나! 초등학교 선생님이 되고 싶구나!'를 알게 되었다. 뛰지 않던 가슴이 뛰기 시작한 그 순간부터 초등교사가 되기 위한 험난한 여정이 시작되었다. 고등학교 졸업 후 10년 만에 다시 수능공부를 시작했고, 쉽지 않은 길을 거쳐 교사가 되었다. 하지만 30여 명의 아이들과 교실이라는 좁은 공간에서 함께 한다는 것은 정말 쉽지 않은 일이었다.

교사가 되기 전 5년 정도 방학 때마다 아이들의 마음을 만나는 캠프에 참여하며 나름 '이렇게 아이들을 만나면 되겠구나!'라고 생각했는데 아니었다. 현실은 달랐다. 꽉 짜인 시간표 속에서 수업시간에는 교과서 안에 있는 내용만을 다뤄야했고, 그 외의 시간에는 어디로 튈지 모르는 아이들을 지도하느라 정신이 없었다.

생각 자체가 없는 아이들, 부정에 쩐 아이들, 자존감이 낮은 아이들, 집중을 전혀 못 하는 아이들을 보며 아이들에 대한 고민을 만나가기 시작했다. 내가 생각한 아이들의 가장 근본적인 문제점은 '생각하지 않는다는 것'이었다.

'왜 아이들은 생각을 안 하는 걸까? 호기심은 어디로 사라진 걸까? 왜 부정적으로만 생각할까? 원래 그런 존재일까? 아닌데, 사람은 본래 생각하는 존재인데…'

근본적인 이 문제를 풀지 않으면 안 된다고 생각했기에 언제나 이 물음은 나와 함께 했다. 이 물음을 갖고 하루하루를 살았다. 얼마나 오랫동안 묻고 또 물었는지 모르겠다. 그렇게 묻고 묻고 묻다가 어느 순간 알게 되었다.

'아~ 마침표 때문이구나. 생각 뒤에 마침표만 찍어서 그렇구나. 뭔가를 접할 때마다 마침표를 찍어서 그렇구나. 마침표 때문에 생각을 안 하는 존재가 되었구나. 물음표를 꽂아야 할 자리에 전부 다 마침표를 찍어서 그런 거구나. 물음표가 사라져버렸구나.'

그런데 이건 아이들만의 문제가 아닌 내 문제였고 내 얘기였다. 근본적인 문제점을 가진 대상이 아이들이라고 믿었는데 알고 보니 아니었다. 바로 나였다. 내가 그렇게 살고 있었다.

'내 얘기구나. 내 삶이 그렇구나. 내가 마침표만 찍으며 살고 있

구나. 내가…!'

내 삶을 온통 마침표로 채우고 있음을 알았을 때의 충격이란.

나 자신을 돌아보게 되었다. 어렸을 적 호기심이 넘쳤던 아이는 언젠가부터 호기심이 사라지고 그 상태로 커버렸다. '난 어쩌다 마침표만 찍는 존재가 되어버린 걸까? 언제부터 이렇게 물음표가 사라진 걸까? 왜 그걸 모르고 살았을까?' 억울하기도 하고 슬프기도 했다.

'그렇다면 어떻게 해야 마침표에서 벗어날 수 있을까? 내 삶에서 사라져버린, 잃어버린, 잠자고 있는 물음표를 깨울 수 있을까?'

'그래! 내가 마침표만 주구장창 찍고 사니까 그 자리에 물음표를 꽂아보자! 마침표 대신 물음표를 꽂자!' 물음표와의 첫 만남은 그렇게 시작되었다.

물음표와의 만남이 깊어지면서 나는 '물음표노트'라는 것을 쓰게 되었다. 쓰다 보니 잠자고 있던 물음표가 깨어나기 시작했고 생각의 깊이와 넓이도 확장되어 가기 시작했다. 지금까지 경험하지 못했던 것들, 사물에 녹아 있는 수많은 사람들의 이야기와 역사 그리고 이치들, 소위 격물치지(格物致知)라는 것을 경험하게 되었다. 물음표를 넘어 느낌표가 꽂히는 경험이라고 해야 할까? 그 경험을 아이들과 나누고 싶어서 내가 했던 방법대로 아이들에게 안내했고 체계적으로 단계를 정리하기도 했다. 물음표를 어떻게 만나가는 것이 좋은지에 대한 구체적인 방법은 이 책에서 다루지 않는다. 그것은 10대를 위한 책에서 다룰 예정이다.

물음표가 사라진 시대,
전두엽이 꺼진 채 사는 사람들

지금 이 시대를 뭐라고 해야 할까? 정보화시대? 그래, 정보가 넘치는 시대이다. 검색시대? 그래, 검색하면 다 나오는 시대이다. 스마트 시대? 그래, 누구나 스마트폰을 쥐고 사는 시대이다.

그렇게 기계문명의 발달로 우린 첨단시대를 살고 있다. 하지만 기계문명이 발달하면서 정신문명은 퇴보했다. 쉽게 말해 생각하지 '않는' 사람들이 늘어가고 있다.

생각하지 않고 살면 전두엽이 꺼진 채 살게 된다. 사람이라면 누구나 뇌 속에 전두엽이 있다. 전두엽은 뇌중에서 사람다움이 발휘되는 곳으로 사람만이 할 수 있는 일들을 주로 처리한다. 전두엽이 있다고 모두가 전두엽을 켜고 사는 것은 아니다. 전두엽이 꺼져 있으면 전두엽은 자기 일을 하지 못하게 된다. 사람다움이 발휘되지 못하게 된다. 지금은 전두엽이 꺼진 채 살아가는 사람들로 가득 찬 시대이다.

지구별 여행 중에 길을 잃은 이유는 생각하지 '않는' 존재가 되었기 때문이다. 물음표를 잃어버리고 마침표만 찍고 있기 때문이다. 전두엽이 꺼진 채 살고 있기 때문이다.

그렇다면 왜 이렇게 되었을까? 누구 잘못일까? 그대의 잘못은 없다. 그대는 그냥 배운 대로 했을 뿐이고 그렇게 길들여졌을 뿐이니까. 잘못을 찾자면 사회를 돌아가게 하는 큰 시스템(구조, 제도) 때문이라고 할 수 있다. 우리 사회는 마침표를 찍는 존재를 양산하고 있다. 마침표 안에 사람들을 가둬야 질서가 유지되고 사회가 무난하게 돌아간 다고 믿고 있다.

스스로에게 물어보라. 내 안에 있던 물음표가 언제 사라지기 시 작했는지… 사회제도에 한 발 한 발 깊숙이 들여놓을수록 물음표는 사라져간다. 대신 마침표가 자리 잡기 시작한다. 그런 구조적인 문제 는 여기서 다루지 않는다. 다만 이 책을 통해서 그대는 왜 내 삶을 마 침표가 가득 채우고 있는지, 마침표와 물음표가 내 삶에 얼마나 큰 영 향을 미치는지, 미디어 기기는 전두엽에 어떤 영향을 미치는지, 생각 이라는 것의 실체가 무엇인지 등을 알게 될 것이다.

무엇이든 아는 데서 시작한다. 알면 보이지만 모르면 보이지 않 는 법이다. 그렇기 때문에 내가 어떤 틀 속에 사는지, 어디에 갇혀 있 는지 알아야 한다.

사람은 사람다움을 찾아야 한다. 머리에도 마침표, 가슴에도 마 침표가 찍혀 있는 것이 아니라 머리에는 물음표, 가슴에는 느낌표가 살아 숨 쉬어야 한다. 그러려면 생각을 '하는' 존재가 되어야 한다. 꺼 져 있던 전두엽이 켜져야 한다. 나도 모르게 자동으로 마침표를 찍는 상태에서 깨어나 의식적으로 물음표를 꽂아야 한다.

많은 사람들이 전두엽이 꺼진 채 살더라도 그대는 전두엽을 켜고 살아라. 그대 삶의 주인은 바로 그대이니까.

이 책을 만나면
알게 되는 것들

작은 마침표가 아닌 삶 전체를 둘러싸고 있는 커다란 마침표. 그 마침표가 보이기 시작할 것이다. 보이는 순간 혁명은 싹트기 시작한다. 책 제목처럼 내가 말하고 싶은 것은 '물음표혁명'이다.

이 책에서는 우리가 사는 환경이 전두엽을 죽이는 최악의 환경이라는 것에서 시작해 사람다움이 무엇인지, 생각이라는 것의 실체가 무엇인지, 생각을 '하는' 방법과 '안' 하는 방법이 무엇인지, 마침표와 물음표의 위력이 얼마나 엄청난지, 마침표와 물음표가 전두엽에는 어떤 영향을 미치는지, 사람이 다 같은 종種이 아니라 마침표종과 물음표종으로 나뉜다는 것, 물음표혁명이 무엇이며 혁명을 일으키려면 어떻게 해야 하는지 등에 대해 다루고 있다.

그대 삶의 많은 부분을 마침표가 채우고 있었다면, 그래서 물음표가 잠들어 있었다면, 이제 그대의 물음표를 깨울 시간이다. 꺼져 있던 전두엽을 켤 시간이다. 그대 안에 잠들어 있던 물음표와 느낌표가 깨어나면 전과는 다른 새로운 지구별·여행이 시작될 것이다.

젊음을 간직하고 사는 그대가 이 책과의 만남을 통해 '유쾌! 상쾌! 통쾌!' + '명쾌!'를 경험하게 되길 간절히 바라고 바란다.

긍정과 사랑과 응원의 기운을 이 책에 가~득 담아 힐링의 기운이 가득한 상상하우스에서.

Contents

전두엽을 죽이는
최악의 환경

Chapter 01 전두엽을 죽이는 최악의 환경

우민씨의 하루.

알람을 맞춰 놓은 아침 6시. 띨릴리리 ♫♪~

일어날 시간을 알려주는 스마트폰을 누르는 것으로 우민씨는 하루를 시작한다. 물을 한 잔 마시고 모닝똥을 누기 위해 화장실로 간다. 화장실에 갈 때는 언제나 스마트폰을 챙긴다. 스마트폰으로 밤새 어떤 일들이 있었는지 SNS를 보며 댓글도 달고 '좋아요'를 누르기도 한다. 인터넷 자료를 검색하기도 한다. 출근 준비를 하며 뉴스를 듣기 위해 거실과 방에 있는 TV를 켜놓는다. 직장까지는 주로 버스를 타고 간다. 버스정류장에 가면 사람들은 모두 스마트폰을 하고 있다. 우민씨 또한 스마트폰을 한다. 가끔 전철을 타기도 하는데 전철을 타면 칸마다 설치된 TV를 볼 때도 있지만 주로 스마트폰을 한다.

드디어 직장에 도착. 직장에서 일할 때는 언제나 컴퓨터를 사용한다. 이전에 우민씨는 컴퓨터를 사용해 능률적으로 일을 했고 다소 여유가 있을 때 웹서핑을 즐기기도 했다. 그런데 요즘은 예전과 달리 업무에 집중하지 못할 때가 많다. 우민씨 책상 위에 스마트폰이 자리 잡기 시작하면서부터이다. 스마트폰이 SNS에 올라오는 글을 실시간으로 알려주기 때문에 스마트폰을 자꾸 만지게 되어 집중을 못하게 되었다. 그렇다고 스마트폰을 꺼놓자니 왠지 모를 불안감이 느껴져 우민씨는 얼마 전부터 업무시간에는 '실시간 알림 서비스'를 해제했다. 다시 예전처럼 집중을 하려고 하지만 자기도 모르게 스마트폰을 터치하게 되는 모습을 보며 놀랄 때가 있다.

점심시간. 우민씨 직장 근처에는 맛집들이 많다. 점심을 먹기 위해 들어간 단골 식당에는 언제나 TV가 볼륨을 높인 채 켜져 있다. 잠깐 필요한 물건을 사러 들어간 슈퍼에도 TV가 켜져 있다.

일을 끝내고 퇴근하는 길. 오늘 우민씨는 미용실에 머리를 자르러 갔다. 미용실에도 TV가 켜져 있다.

집에 돌아온 우민씨. 쌓인 스트레스를 풀기 위해 거실에 있는 TV를 켰다. TV를 보면서도 실시간 알림을 해주는 스마트폰이 울릴 때면 곧바로 스마트폰을 집어든다. 스마트폰은 언제나 손을 뻗으면 닿을 거리에 있다. 스마트폰으로 바꾼 뒤 스마트폰을 쥐고 있는 시간이 훨씬 늘었다. 아니, 신체의 일부가 된 것 같다. 가끔씩 우민씨는 '내가 스마트폰에 중독된 건 아닌가?'라는 생각이 들 때가 있다.

1. 우리는 전두엽을 죽이는
최악의 환경 속에 살고 있다

'당신이 사는 곳이 당신을 말해줍니다.'라는 카피 문구가 유행한 적이 있다. 카피 문구만 보면 뇌에 그대로 적용되는 명언이다. 뇌는 외부 환경의 자극과 경험을 먹고 자란다. 어떤 곳에서 어떤 것을 자주 접하며 살고 있느냐는 '뇌가 자라는 환경'이 어떤지 말해주고 있다. 그렇기 때문에 이 문구는 '당신이 어떤 환경 속에서 살고 있느냐가 당신의 뇌 상태를 말해줍니다.'와 같은 말이다.

예를 들어 화분에 식물을 기를 경우, 좋은 흙으로 화분을 채우고 식물을 심는다. 심고 나서는 물도 주고 햇볕도 잘 쬐어 준다. 식물의 특성을 살펴서 잘 자랄 수 있는 환경을 만들어 준다. 그런 공간을 만들어줘야 식물이 잘 자란다. 그런데 식물의 특성을 전혀 고려하지 않은 채 식물이 자랄 수 없는 환경을 만들어 놓으면 이 식물은 시름시름 앓다가 죽게 된다. 화분에 좋지 않은 흙을 채워서 배수가 전혀 되지 않도록 하거나, 물을 전혀 주지 않거나, 햇볕이 전혀 들지 않는 그늘진 구석에 놓아둔다면, 이 공간은 식물을 살리는 공간이 아니라 죽이고 마는 최악의 공간이 된다. 살고 싶어도 살 수 없는 죽음의 공간이라고 해야 할까?

그런데 이것은 식물에게만 적용되는 이야기가 아니다. 우리 일상에 그대로 적용이 되고 있다.

우리는 전두엽을 키우고 있다고 볼 수 있다. 사람답게 살 수 있는

'사람다움'과 내가 나로 살 수 있는 '나다움'을 꽃피울 수 있도록 해 주는 전두엽을 키우고 있다.

그렇기 때문에 전두엽이 어떤 환경에서 잘 발달하는지, 어떻게 해야 커지는지 등 그 특성을 잘 알아서 그런 환경을 조성해야 한다. 하지만 지금 우리가 사는 시대는 전두엽을 죽이는 최악의 환경이다. 전두엽이 절대 커지지 않도록, 자라지 못하도록 하는 환경 속에서 살고 있다. 그래서 '사람다움'과 '나다움'을 점점 더 잃어가고 있다.

그렇다면 전두엽이란 무엇인지, 왜 우리가 사는 환경이 전두엽을 죽이는 최악의 환경인지에 대해 알아보자.

2. 전두엽이란?

전두엽에 대해 알려면 뇌에 대해 먼저 알아야 한다. 뇌에 대한 이해를 위해 뇌의 진화 역사를 살펴보고, 뇌가 하는 역할과 특성에 대해 간략히 알아보자.

전두엽은 뇌의 사령탑

뇌의 구조를 나누는 기준은 많지만 여기서는 미국의 신경생리학자인 폴 맥린의 삼위일체 모델을 따른다. 뇌는 진화해 온 역사에 따라 뇌간, 대뇌변연계(혹은 대뇌구피질), 대뇌신피질로 나눌 수 있다. 뇌는 생명활동을 담당하는 뇌간(파충류의 뇌)에서 감정을 담당하는 대뇌변연계(포유류의 뇌)를 거쳐 정신을 담당하는 대뇌신피질(사람뇌)로 진화해 왔다.

뇌간은 가장 처음 진화된 부분으로 '생명뇌'라고 부를 수 있다. 호흡, 심장박동, 반사작용, 몸의 균형, 항상성 유지, 신진대사 등 원초적 생명활동을 담당한다. 심장에 대고 '심장아 뛰지 마라. 혈액아 돌지 마라. 숨 쉬지 마라.'라고 말한다고 듣지 않는다. 내가 신경 쓰지 않아도 뇌간이 알아서 24시간 쉬지 않고 몸에 생명을 부여하는 일을 하는 것이다. 이처럼 뇌간은 의식적으로 작동하는 게 아니라 무의식적으로 작동하는 뇌이다. 파충류의 경우 뇌의 많은 부분이 뇌간으로 이루어져 있어서 파충류뇌라고 부르기도 한다. 여기서 뇌간은 뇌간이라는 부위만 말하는 것이 아니라 소뇌, 중뇌, 시상, 시상하부, 뇌하수체, 송과선 등을 포함시킨 용어로 이해하면 된다.

대뇌변연계는 두 번째로 진화한 부분으로 '감정뇌' 혹은 '정서뇌'라고 할 수 있다. 포유류에게서 가장 발달된 형태로 나타나서 포유류뇌라고도 불리고, 감정의 중추기능을 해서 정서뇌라고도 불린다. 감정과 관련된 편도체와 기억 형성에 관여하는 해마가 대뇌변연계에 속한다. 대뇌변연계는 주로 유아시절에 발달하기 때문에 그 시기에 부모와 아이의 애착관계가 형성되어야 한다. 그래야 아이의 정서가 건강해진다. 만약 이 시기에 아이를 방치하면 아이는 정서뇌가 발달하지 못하게 되어 감정을 느끼거나 표현하는 데 어려움을 겪게 된다. 사회성에 문제가 생길 수밖에 없다. 기쁨, 화남, 슬픔, 즐거움, 사랑, 미움, 욕구와 같은 감정을 느끼는 것은 대뇌변연계에서 이루어진다.

대뇌신피질은 뇌의 표면을 형성하는 부분으로 가장 늦게 발달했으며 이성뇌, 생각뇌, 사람뇌라고 할 수 있다. 인간과 영장류에게서 가장 발달했으며 기능에 따라 전두엽, 두정엽, 측두엽, 후두엽으로 나눈다. 이 중 두정엽은 피부감각을 주로 담당하고 측두엽은 청각과 후각 등을 담당하며 후두엽은 시각을 담당한다. 전두엽은 의식적 활동을 담당하고 다른 뇌의 정보를 모아 최종 결정을 내리는 뇌의 사령탑 역할을 한다. 대뇌신피질 중 인간만이 가장 크게 발달한 곳이 바로 전두엽이다.

전두엽은 자유의지의 상징

이제 전두엽만이 가진 특징과 활성화 측면을 살펴보기 위해 뇌를 전두엽과 '다른 뇌'로 나누어 살펴보자. 다른 뇌란 전두엽을 제외한 뇌의 모든 부분(뇌간에 포함되는 모든 부분. 대뇌변연계. 두정엽, 후두엽, 측두엽)을 말한다.

전두엽만이 가진 특성

전두엽은 사람만이 가진 특성(사람다움과 나다움)이 발휘되는 곳으로 구체적으로 나열하면 다음과 같다.

첫째, 전두엽은 인간 진화의 성과가 집약된 곳으로 의식적 인식의 중추이며 사람만이 가진 특성이 발휘되는 곳이다. 이곳을 통해 자유의지, 사고력, 결단력, 상상력, 창조력, 창의력, 추론력, 판단력, 목적의식, 개성, 인격, 독창성 등이 나온다. 또한 다른 뇌들의 정보를 모아 최종 결정을 내리는 사령탑 역할을 하며, 감각을 종합하여 표현하는 곳이다. 자기 인식이 이루어지는 곳, 넓은 안목을 갖도록 해 주는

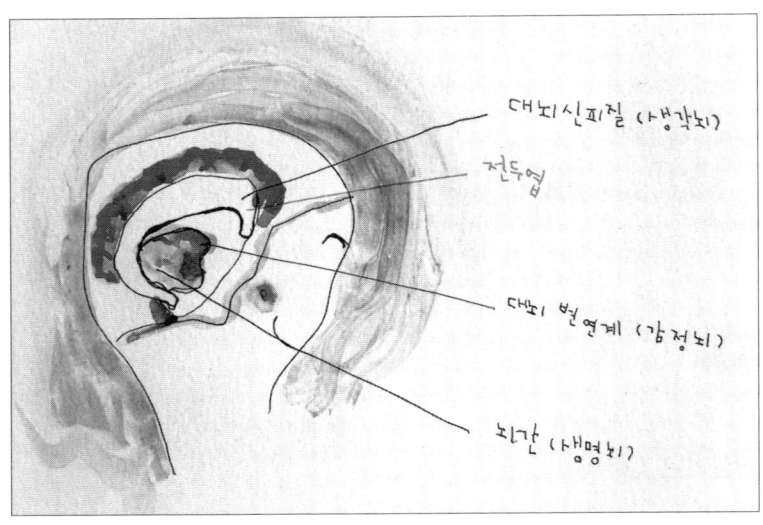

곳이다. 내가 누구인지, 인생의 목표가 무엇인지, 꿈이 무엇인지를 알
게 해 줘 나다움의 절정이 꽃 필 수 있도록 하는 곳이다. 즉 전두엽이
켜져야 '사람답게' 그리고 '나답게' 살 수 있다.

둘째, 전두엽은 새로운 정보를 습득하고 학습할 때 최초로 관여
하는 곳이다. 그래서 전두엽은 새로운 것을 배우고 그것에 집중하는
것을 좋아한다. 몇 번 반복하고 나서 새로움과 놀라움이 사라지면 그
일을 뇌의 다른 부위로 넘겨준다. 과제가 새로울수록 전두엽으로 가
는 혈액양이 많아지고, 과제가 익숙할수록 전두엽으로 가는 혈액양이
줄어든다는 연구 결과도 있다. 그렇기 때문에 무언가 새로운 것에 도
전하고 배우는 것은 전두엽을 켜지도록 만든다.

셋째, 전두엽이 활발할수록 의식이 깨어나기 때문에 충동적 행동

과 반응을 통제할 수 있는 능력이 높아진다. '내가 원하는 나'를 만드는 과정에 불이 켜지기 때문에 스스로를 잘 통제할 수 있게 된다.

전두엽은 의식할 때만 켜진다

다른 뇌들은 외부 자극에 거의 자동적으로 반응한다.

뇌간은 24시간 생명활동과 관련된 활동을 담당하고, 대뇌변연계는 감정이나 기분과 관련된 자극을 담당한다. 무엇인가를 보거나 들을 때는 후두엽과 측두엽이, 만질 때는 두정엽이 자동으로 반응한다.

하지만 전두엽은 자동반응을 하지 못하고 의식적인 반응만 할 수 있다. 즉 전두엽과 다른 뇌의 본질적인 차이는 전두엽은 저절로 켜지지 않는다는 것이다. 의식해야만, 주의 집중해야만, 물음표를 꽂아야만 전두엽을 켤 수 있다. 왜 그런지에 대해 살펴보자.

뇌는 자극이 들어오면 반응을 하도록 되어 있기 때문에 자기가 처리해야 할 자극이 들어와야 켜지게 된다. 자기에게 할 일이 주어져야 켜진다는 말이다. 뇌간은 생명과 관련된 일을 해야 하기 때문에 24시간 쉬지 않고 켜져 있으며 작동한다. 그렇기에 우리가 의식하지 못해도 뇌간은 자동으로 작동하고 있다.

대뇌변연계는 감정, 정서와 관련된 일을 하기 때문에 어떤 말이나 행동, 생각 등에 영향을 받아 감정을 느낄 때면 언제나 작동한다. 즉 기분이나 감정 등의 자극이 대뇌변연계를 활성화시킨다. 대표적인 감정인 기쁨, 화남, 슬픔, 즐거움, 사랑, 미움, 욕구(喜怒哀樂愛惡慾)를 포함해 다양한 정서를 느끼도록 하는 자극이 들어오면 대뇌변연계가 본능적으로 작동한다.

두정엽, 후두엽, 측두엽은 사고와 관련된 일도 하지만 감각과 관련된 자극이 들어오면 처리하는 일을 한다. 그렇기 때문에 시각적인 자극이 들어오면 시각피질이라고도 불리는 후두엽이, 청각이나 후각적 자극이 들어오면 측두엽이, 피부감각을 통한 자극이 들어오면 두정엽이 켜지게 된다. 다른 뇌들이 하는 일들은 저마다 다르지만 이들의 공통점이 있으니 저절로 작동한다는 것이다. 의식적으로 켜려고 하지 않아도 다른 뇌는 자기가 알아서 켜진다.

하지만 전두엽은 절대로 저절로 켜지지 않는다. 의식해야만 켜지고, 할 일이 주어져야 켜진다. 그렇다면 전두엽은 어떤 일을 하나? 전두엽은 생각하는 일, 집중하는 일, 추론, 요약하는 일, 창조적으로 새롭게 만들어내는 일, 기획하는 일, 꿈꾸는 일, 도전하는 일, 처음 하는 일, 의식해야 하는 일 등을 한다. 즉 의식적인 자극이 들어와야 전두엽은 '내가 처리해야 하는 일이구나'라고 알아차리고 켜진다.

전두엽은 뇌의 총사령관 역할을 한다고 했는데, 이건 어디까지나 전두엽이 켜져 있을 때의 이야기이다. 다른 뇌의 반응이 전두엽까지 연결될 수도 있지만 연결되지 않을 수도 있다. 전두엽까지 연결이 되려면 의식적으로 인지를 하거나 사고를 해야 한다.

예를 들어 좋지 않은 말을 들었다. '안 좋은 말'이라는 자극이 들어오면 거의 본능적으로 감정뇌인 대뇌변연계에서 '기분 나쁘다'(혹은 화남)는 반응을 한다. 의식을 안 하면 전두엽은 꺼져 있고 화난 감정에서 끝이다. 하지만 이 감정을 의식해서 물음표를 꽂으면 왜 화가 났

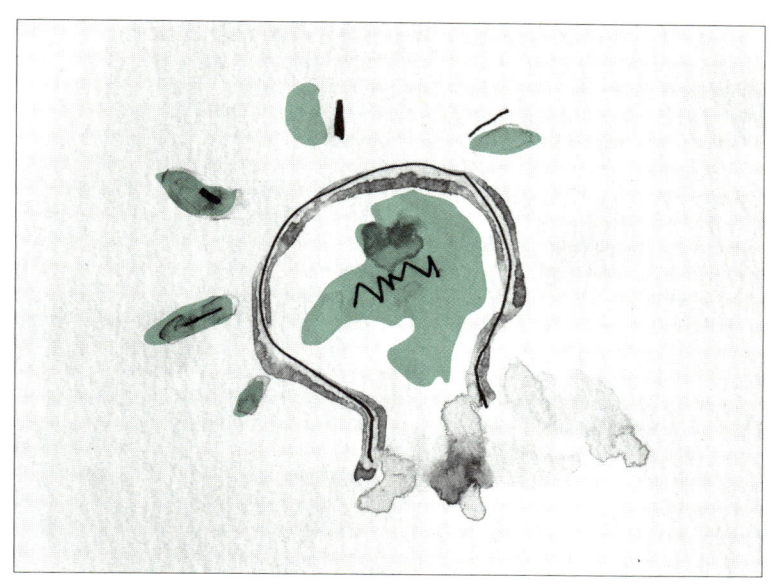

지? 내가 정말 원하는 건 뭐였을까? 화를 내는 거였을까? 꼭 화를 내야 할까? 다른 반응을 할 수는 없을까?…와 같이 다른 반응을 보일 수 있다. 즉 전두엽을 켜서 감정을 컨트롤할 수 있게 되는 것이다.

전두엽은 저절로 켜지지 않기 때문에 꺼져 있을 때가 대부분이다. 그렇다면 전두엽이 꺼져 있어도 우리는 살아갈 수 있을까?

전두엽이 꺼져도 살 수 있다. 무의식적으로 활동하는 뇌간이 생명을 유지할 수 있도록 지금 이 순간에도 쉬지 않고 일을 하고 있기 때문이다. 심장을 뛰게 하고 피를 돌게 하고, 산소와 이산화탄소를 교환하고, 체온을 유지하는 등 신진대사와 관련된 것들을 뇌간이 알아서 처리한다.

생명활동 외에 생각하고 말하고 행동하는 부분은 고정된 신경회로인 '굳어진 신경망'을 따라서 하게 된다. 그래서 늘 하던 대로 생각하고 말하고 행동한다. 전두엽이 뇌의 사령탑 역할을 하지만 전두엽이 꺼져 있어도 다른 뇌들은 전두엽과 상관없이 알아서 작동하기 때문에 사는 데 지장은 없다.

하지만 전두엽이 꺼진 삶은 사람다움과 나다움을 잃어버린 채 로봇이나 꼭두각시처럼 사는 것이다. 선택권을 '나 아닌 것'에 빼앗긴 채 단지 입력된 대로 자동반응하며 사는 삶이다. fMRI(기능성 자기공명영상)를 이용해 뇌 활동 차이를 관찰한 결과를 봐도 알 수 있다. 텔레비전을 보거나, 게임을 하거나, 미디어 영상을 보는 등 '사고나 능동적인 집중'을 요구하지 않는 활동을 할 때는 전두엽이 거의 활성화되지 않고 다른 뇌들만 활성화되었다. 하지만 책 읽기, 발표하기, 글쓰기 등 능동적 집중을 요구하는 활동을 할 때는 전두엽이 활성화되었다.

사고로 전두엽이 손상되지 않는 이상 우리에게는 전두엽이 있기 때문에 가능성과 희망이 있다. 지금 하는 일에 집중할 수 있도록 해 주고, 몰입할 수 있도록 해 주고, 뭔가를 선택할 수 있도록 해 주고, 내가 살고 싶은 삶은 어떤 삶인지에 대해 생각하고 꿈꿀 수 있도록 해 주고, 독창성과 창의력 등이 발휘되도록 하는 곳이 바로 전두엽이기 때문이다. 전두엽을 켜면 삶을 풍요롭게 살 수 있다.

무엇이든 사용한 만큼 발달한다. 사람다움, '나다움'을 발휘할 수 있도록 하는 전두엽도 마찬가지다. 사용한 만큼 발달하기 때문에 전두엽을 순간순간 켜서 자주 사용해야 한다. 하지만 전두엽을 켜는 것이 저절로 되지 않기 때문에 힘든 일이기도 하다. 정신을 차려야만 가능한 일이다. 전두엽을 켜려면 '나는 지금 무엇을 하려고 하지?' '어떻게 하면 지금 하는 일에 와우를 외칠 수 있을까?' '남들은 이렇게 생각하는데 나는 어떻게 생각하지?'와 같은 질문들을 던져야 한다.

전두엽이 켜지지 않으면 '나'도 켜지지 않는다. '내'가 켜지지 않아 '나'를 잃어버리면 외부 자극에 자동반응하는 '나 아닌 것들'이 나인 척 살게 된다.

굳어 있는 뇌 : 뇌의 가소성 vs 굳은 신경망

뇌에는 뉴런이라는 수많은 신경회로들이 복잡하게 연결되어 있다. 이러한 신경회로의 연결을 바꿀 수 있는 뇌의 능력, 즉 뇌가 기존의 신경회로가 아닌 새로운 신경회로를 만들 수 있는 능력을 '뇌의 가소성' (brain plasticity)이라고 한다.

뇌의 가소성은 뇌가 진화한 역사에 따라 그 정도가 다르다. 훨씬 과거부터 오랫동안 지속되면서 더 자주 사용되어 온 뇌간과 대뇌변연계는 가장 최근에 진화한 부분인 대뇌신피질보다 신경망이 더 강하게 연결되어 있다. 그래서 훨씬 고정적이다. 하지만 대뇌신피질은 그보다 훨씬 덜 고정되어 있다. 특히 전두엽은 뇌에서 가소성이 가장 높은 곳이다.

뇌의 가소성은 두 가지 측면에서 살펴볼 수 있다. 하나는 신경회로의 연결이 강해져서 생기는 '굳은 신경망'이고 또 하나는 '새로운 신경회로'이다. 어떤 자극과 정보를 자주 접하느냐에 따라 뇌에 만들어

지는 신경망이 달라진다. 자주 하는 생각, 자주 보고 듣는 것, 생활하는 공간에서 자주 접하는 것, 만나는 사람들 등 순간순간 삶에서 접하는 모든 것들이 바로 자극이자 정보이다. 뇌는 이러한 자극에 반응하도록 만들어져 있다.

자극이 들어오면 그에 대한 반응을 해야 하기 때문에 뇌에서는 '이런 자극이 들어오면 이렇게 반응해라.'라는 길(신경회로)이 만들어진다. 같은 반응을 반복하면 처음에는 좁았던 길이 점점 넓어져 굳은 신경망이 생긴다. 이렇게 굳은 신경망이 만들어지면 자기 행동, 느낌, 말, 생각 등을 더 이상 의식적으로 인식하지 못하게 된다. 굳은 신경망은 뇌에 각인된 자동 프로그램 같아서 자극이 들어오면 자동적, 무의식적으로 반응한다.

예를 들어 우리가 익숙하게 하는 양치하기, 자전거타기, 젓가락질, 구구단 외우기 등도 처음 할 때는 전두엽이 관여했다. 전두엽이 켜졌던 것이다. 하지만 그것이 익숙해지면 전두엽은 그 일을 다른 뇌에게 넘긴다. 그렇게 되면 양치하기, 자전거타기, 젓가락질, 구구단 외우기 등은 전두엽을 켤 필요 없이 자동으로 처리할 수 있게 된다.

많은 사람들이 오랫동안 변화도 없고, 새로운 것도 없는 환경 속에서 살아가는 이유 또한 굳은 신경망 때문이다. 매일 같은 패턴의 같은 신경망을 활성화 해 똑같은 상태를 유지하기는 쉽다. 이러한 습관적 행동은 어떤 의식적 인식이 필요하지 않기 때문에 전두엽을 켤 필요가 없다. 이 경우 다른 뇌는 켜져 있지만 전두엽은 꺼져 있다.

화나는 상황이 발생했을 때 반응하는 방법을 예로 들어 보자. 만약 화날 때 소리를 지르겠다고 하면 '소리 지르기'가 자극에 대한 반응이 된다. 화가 나는 자극에 소리 지르기로 반응하면 신경회로가 그렇게 만들어진다. 길이 난 것이다. 이걸 계속 반복하면 '화나면 소리 지르기'라는 굳은 신경망이 생긴다. 화나면(자극이 주어지면) 소리를 질러야지(이렇게 반응해야지)라고 이미 뇌에 고정된 프로그램이 있기 때문에 화나면 소리를 지른다. 무의식적인 자동반응이다. 전두엽은 당연히 꺼져 있다.

그런데 이런 반응이 맘에 들지 않는다면 굳어진 신경망이라 해도 바꿀 수 있다. 이것이 바로 뇌의 가소성이다. '내가 원하는 반응은 나도 살고 상대방도 살리는 상생(相生)의 방법인데, 굳어진 신경망의 반응은 나도 저 사람도 죽이는 방법이다. 그럼 다른 방법은 없을까? 그래, 화가 났을 때 심호흡을 다섯 번 하자!'

같은 자극이 주어졌을 때 소리 지르기가 아닌 '심호흡을 다섯 번 하겠다.'로 반응하면 굳은 신경망이 아닌 '새로운 신경회로'가 만들어진다. 꺼져 있던 전두엽이 켜지면서 전과 다른 새로운 신경회로를 만들 수 있는 것이 바로 뇌의 가소성이다. 새로운 길을 내지 않는 한 늘 굳어진 신경망대로 반응하게 된다. 그런데 현실에서 새로운 신경회로를 만드는 것은 쉽지 않다. 이미 만들어져 있는 굳은 신경망 때문에 익숙한 것을 반복하려는 경향이 있기 때문이다.

그렇다면 어떻게 해야 새로운 신경회로를 만들고, 그 길을 더 넓힐 수 있을까?

다양한 자극을 받더라도 뇌에서 새로운 신경회로가 저절로 만들어지지는 않는다. 뇌에 소극적인 자극을 주면 새로운 회로가 만들어지지 않기 때문이다. 뇌에 새로운 신경회로를 만들려면 능동적인 자극을 줘야 한다. 즉 주의집중을 하고 반복을 해야 한다. 다른 방법은 없다.

주의집중을 해야 뇌에 강한 자극이 간다. 소극적 자극으로는 새로운 신경회로를 만들 수 있을 정도의 화학물질이 생성되지 않는다. 그러니 주의집중을 해야 한다. 집중은 감각기관을 통해 들어오는 자극을 통제할 수 있도록 해준다. 집중할수록 전두엽이 활성화되며 뇌에 새로운 회로를 만드는 일도 쉬워진다.

현재 하는 일에 집중하면, 집중하기 위해 필요한 길이 만들어진다. 하지만 현재 하는 일에 완전히 집중하지 않으면, 그 일을 방해하는 길이 만들어진다. 그래서 뉴런은 강하고 지속적인 연결을 형성하지 못하게 된다. 결국 뇌에 새로운 길을 만들려면 '집중'이 필요하다. 주의집중 강도가 강할수록 뉴런들이 주고받는 신호 강도가 강해지고 신경망이 더 강력하게 활성화된다.

또한 주의집중을 하여 만든 길을 넓히려면 반복을 해야 한다. 이미 길이 크게 난 곳이 있는데 작은 길로 갈 리가 없다. 반복해서 길을 크게 닦아야 새로운 신경회로가 굳은 신경망으로 자리 잡을 수 있게 된다. 반복할수록 뉴런의 연결, 즉 신경회로가 더 강해진다. 반복되면 뉴런은 연결을 강화하기 위한 화학물질을 분비한다. 이 화학물질은 뉴런 간의 시냅스가 오랫동안 유지되도록 만들고 수상돌기의 연결을 풍성하게 하며 더 많이 더 강하게 연결되게 한다. 이러한 연결이 오래 지속되고 단단하게 고정되면 신경회로가 고정되어 길이 넓게 난다.

자극을 받았을 때(화가 났을 때) 언제나 소리를 질렀다. '헌 길'(소리 지르기)로만 다닌 것이다. 그 길밖에 없었다. 그런데 조그만 '새 길'(심호흡 다섯 번 하기)이 하나 생겼다. 조그만 길이 생겼다고 해서 이 길로 가게 되는 건 아니다. 새 길을 만들고 그 길이 더 넓어져야 가게 된다. 하지만 이게 쉬운 게 아니다. 의식하지 않을 때는 전두엽이 꺼져 있기 때문에 언제나 굳은 신경망인 헌 길로 가게 된다. 의식적으로 반복해서 전두엽을 켜야 새 길로 갈 수 있고, 그 길을 넓힐 수 있다. 그렇게 넓어지게 되면 뇌에서 알아서 판단한다. '이 자극이 들어오면 이제는 새 길로 가야되겠어.'라고.

지금까지의 얘기를 한 문장으로 요약하면 결국 '전두엽을 켜야 한다.'는 것이다. 하지만 전두엽이 꺼진 채 사는 것이 뇌에 굳은 신경망으로 이미 자리 잡고 있기 때문에, 의식하지 않는 순간 나도 모르게 전두엽을 끈 채 살게 된다. 그러니 전두엽을 켜도록 하는 새로운 신경회로를 만들어야 하는데, 그러려면 내 삶에 '물음표혁명'이 일어나야 한다.

3. 미디어 기기가 뇌에 미치는 영향

어떤 환경 속에서 무엇을 자주 접하느냐에 따라 뇌는 달라진다. 미디어 기기가 뇌에, 특히 전두엽에 어떤 영향을 미치는지 텔레비전, 컴퓨터, 스마트폰으로 나누어 알아보자.

텔레비전이 **뇌**에 **미치는 영향** : **멍**해진다
텔레비전이 주는 자극은 이성보다는 감성을 자극하는 영상 자극이고 '정신없이 이어지는 자극'이다.

텔레비전은 시청자의 눈길을 끌어야 하기 때문에 이성을 잠재우고 감성을 자극하는 영상으로 채워져 있다. 그렇기 때문에 TV를 보는 순간 자신도 모르게 쏙 빠져들게 된다. 수동적으로 몰입하게 되어

영상이 흘러가는 대로 그저 따라가게 된다. 거기다가 이런 자극이 정신없이 이어지기 때문에 생각을 못 하게 되어 전두엽이 깨어날 여지가 없게 된다. 그 결과 전두엽은 일방적으로 꺼지고 다른 뇌들만 활성화된다. (※ 참고로 텔레비전은 수동적 몰입을 하게 만든다. 수동적 몰입은 진정한 몰입이 아니다. 진정한 몰입은 목표를 향한 능동적 활동을 통해서만 가능하다. 의식적으로 집중력을 쏟아야 몰입할 수 있다. 그렇기 때문에 수동적 몰입을 할 때는 전두엽이 꺼져 있다. 능동적 몰입을 해야 전두엽이 커진다.)

그런데 아이러니컬하게도 이것이 TV의 매력이다. TV는 아무 것도 요구하지 않는다. 생각 없이 보라고만 한다. 시청 후에는 공허함과 피로를 느끼지만 보고 있을 때는 편하고 재미있다. 자극에 자동반응을 하면 되기 때문에 굳이 전두엽을 켜지 않아도 된다. 아니, 전두엽이 켜지면 안 된다. 전두엽을 켜면 그 사이에 TV의 자극을 놓치기 때문에 전두엽을 꺼놓은 채 눈과 귀로 들어오는 자극에만 집중해야 한다.

머리가 복잡하거나 스트레스를 풀고 싶을 때 쉬기 위해서 TV를 보는데 그러면 뇌가 정말 쉬게 될까? 그렇지 않다. 영상 자극들은 빠른 파장으로 이루어져 있어 TV를 보면 뇌파가 더 빨라지게 되고 긴장과 스트레스, 피로, 무기력 등을 준다. 지친 머리를 쉬게 한다면서 강한 외부 자극을 주는 TV를 보는 것은 뇌에 폭력을 가하는 것과 같다. 조용한 곳에서 자연과 가까이 하며 일정 시간을 보내는 것이 뇌가 실제로 휴식을 취하는 길이다.

TV는 강렬한 자극을 정신없이 쏟아내기 때문에 다른 뇌들은 계속 활성화되고 전두엽만 일방적으로 꺼지게 한다. 특히 뇌 발달이 가장 왕성한 시기에 있는 아이의 경우 TV에 노출되면 그 폐해가 크다.

아이들에게 미치는 TV의 폐해가 심각해지자 미국 소아과학회에서는 '자녀의 침실에서 텔레비전을 치워야 한다. 미디어 접촉 시간을 제한하라.'라는 TV 시청 가이드라인을 제시했다. 텔레비전을 접하지 않는 것이 가장 좋다는 말이다. 뒤에서 다루겠지만 텔레비전을 끊을 수 있는 유일한 방법은 텔레비전을 집에서 완전히 몰아내는 것뿐이다. (※ 텔레비전의 영향에 대한 자세한 내용은 『TV 쇼크』 참고)

컴퓨터가 뇌에 미치는 영향 : 산만해진다

개인용 컴퓨터(PC)가 기하급수적으로 보급되는데 가장 큰 기여를 한 것은 인터넷의 발달이다. 인터넷을 통해 수많은 정보를 공유할 수 있게 되었고 서로 소통할 수 있는 장이 생겼기 때문이다. 인터넷은 지식정보화시대에 없어서는 안 되는 확실한 도구로 이미 자리매김했다. 그래서 지금을 검색의 시대라고 말하기도 한다.

컴퓨터를 이용해 게임, 검색, 쇼핑, 업무처리 등 다양한 것들을 할 수 있는데 여기서는 인터넷이 뇌에 미치는 영향에 대해서만 살펴본다. 참고로 컴퓨터 게임이 뇌에 미치는 영향은 굉장히 심각하다. 게임을 할 때는 전두엽이 당연히 꺼져 있다. 꺼진 상태가 지속되기 때문에 전두엽이 전혀 발달할 수 없다. 특히 뇌의 유연성이 높은 어린이의 경우 게임에 노출되면 중독이 되기 때문에 전두엽 상태가 심각해진다. 게임을 많이 접한 아이일수록 감정을 컨트롤 해 주는 전두엽이 거의 발달하지 못해 충동적이고 폭력적인 아이가 되기 쉽다. 게임이 뇌에 어떤 영향을 미치는지에 대한 것은 여기까지만 언급하기로 한다.

(✤ 자세한 것은 『게임뇌의 공포』를 참고)

인터넷은 집중력 분산이라는 치명적 영향을 미친다. 인터넷이 주는 자극은 감각적이고 인지적이며 쌍방향적이라는 특성을 가졌다. 모니터나 스피커를 통해 전달되는 자극이 매우 빠르며 지속적으로 반복된다. 또한 링크는 새로운 볼거리를 제공하며 링크에 링크, 링크에 또 다른 링크로 끝없이 연결되기 때문에 텔레비전이나 라디오, 신문보다 훨씬 지속적으로 관심을 지배한다.

인터넷의 정보들은 체계적이지 않고 뒤죽박죽이며 집중력을 분산시키는 형식으로 제공된다. 뇌는 관심을 전환할 때마다 방향을 다시 잡아야 하는데, 이런 산만함은 집중이 지속되는 것이 아니라 빈번하게 중단되게 만들기 때문에 사고를 분산시키고 기억력을 약화시킨다. 사고를 분산시키면 전두엽은 발달하지 못한다.

지금은 원하는 정보가 있으면 검색해서 쉽게 찾을 수 있는 정보화시대이자 검색의 시대이다. 그런데 검색을 하다 보니 언제부터인가 사색이 사라지기 시작했다. 사색 없이 검색만 하면 전두엽은 켜지지 않는다. 켜진다 해도 아주 잠깐 켜졌다가 금세 꺼지고 만다.

이런 위험성을 알고서 이제는 검색이 아니라 사색을 해야 한다고 외치는 이들이 많다. 그 말에 전적으로 공감한다. 검색을 하는 이유는 사색하기 위해서이다. 사색을 하면 전두엽이 켜진다. 사색이 주가 되고 검색은 객이 되어야 한다. 그러니 검색에 빠지지 말고 사색에 빠져야 한다.

스마트폰이 뇌에 미치는 영향 : 전혀 '안' 스마트하게!

스마트폰 하나만 있으면 세상이 내 손 안에 있는 것처럼 여겨지는 세상이 되었다. 스마트폰은 핸드폰과 컴퓨터가 합쳐진 그야말로 스마트한 기기이다. 스마트폰의 특성을 이해하기 위해 스마트폰이 예전의 핸드폰, 컴퓨터와 어떤 차이가 있는지 먼저 살펴보자.

핸드폰의 경우 사람들과 소통하려면 전화나 문자 메시지를 이용했고, 24시간 켜놓고 있더라도 실제 소통을 위해 핸드폰을 사용하는 시간은 그리 많지 않았다. 또한 요금제로 인한 제약으로 콘텐츠 사용에 제한이 있었다. 컴퓨터의 경우 사용하려면 꺼져 있는 전원을 켜야 했다. 컴퓨터가 있는 곳까지 가서 전원을 누르고 켜질 때까지 기다려야 하는 번거로움이 있었다. 컴퓨터로 인터넷 검색을 하든, SNS를 통해 소통을 하든, 메일을 확인하든, 쇼핑을 하든, 컴퓨터가 있는 공간에 가서 컴퓨터를 켜야 했다. 컴퓨터가 있는 곳에서만 사용할 수 있는 공간적 제약이 있었다.

하지만 스마트폰은 핸드폰이 가진 콘텐츠 사용 제한과 컴퓨터가 가진 공간적 제약이라는 불편함을 한 방에 해결하였다. 컴퓨터의 기능을 탑재한 스마트폰은 핸드폰이 가졌던 콘텐츠 제한을 '무제한'으로 바꾸어 놓았다. 전화 통화나 문자 메시지 위주로 이루어지던 소통이 이제는 SNS를 통해 이루어지게 되었다. 또한 손바닥에서 세상의 모든 것들이 구현되기 때문에 시간과 공간의 제약이 사라져 버렸다. 틈만 나면 언제 어디서든 연결할 수 있게 되었다.

컴퓨터와 스마트폰의 본질적인 차이는 컴퓨터는 '끄기 위한 기기'

이고 스마트폰은 '켜기 위한 기기'라는 점이다. 컴퓨터는 늘 꺼져 있다가 사용할 때만 켠다. 사용한 후에는 다시 끈다. 하지만 스마트폰은 언제나 켜져 있다. 사용할 때도 켜놓고 사용 안 할 때도 켜놓는다. 꺼져 있으면 안 되는 기기가 스마트폰이다.

휴대성에다가 콘텐츠의 무한 제공이라는 날개를 달았기 때문에 스마트폰의 흡인력과 중독성은 엄청나다. 그런데 스마트폰의 중독성은 다른 미디어 기기와는 본질적으로 다르다. 텔레비전, 컴퓨터, 핸드폰은 하드웨어적인 기기 중독이라기보다는 소프트웨어 중독이었다. 텔레비전으로 볼 수 있는 프로그램, 컴퓨터로 하는 웹 서핑, 핸드폰으로 하는 게임 등과 같은 소프트웨어적인 측면이었다. 하지만 스마트폰은 소프트웨어가 아닌 하드웨어적인 중독이다. 스마트폰이라는 기기 자체에 중독이 된다.

스마트폰 보급률이 세계에서 가장 높은 우리나라의 경우 스마트폰 중독 광경을 어디서나 쉽게 볼 수 있다. 다음에 말하는 이것은 무엇일까?

만나면 서로 눈을 마주보지 않고 이것을 봅니다. 분위기상 대화가 있어야 하는 곳인데 대화는 없고 언제나 이것이 있습니다. 연인이나 가족 등 함께하는 사람이 자기 앞에 앉아 있는데도 불구하고, 얼굴을 보며 대화를 하는 것이 아니라 이것을 통해 그 사람이 쓴 글에 댓글을 달거나 좋아요를 누릅니다. 친구들과 길을 가면서도 이것을 봅니다. 버스나 전철을 기다리면서도 이것과 함께 합니다. 이것을 하는 이유는 소통하고 싶어서입니다. 그런데도 가까이에 있는 사람의 얼굴은 보지 않고 이것을 봅니다. 깨어 있는 시간의 절반을 이것을 보면서 살아가는 사람이 늘어가고 있다고 합니다.

사람과 사람 사이에는 공간이 있어야 한다. 그런데 24시간 쉬지 않고 알려주는 실시간 알림 서비스는 사람과 사람 사이에 있어야 할 공간을 사라지게 하고 있다. 칼릴 지브란의 『예언자』가 떠오른다.

'함께 있되 그대들 사이에 거리를 두어라. 그래서 하늘 바람이 그대들 사이에서 춤추게 하라. 서로 사랑하라. 그러나 서로를 사랑으로 속박하지는 말라. 그보다는 그대들 영혼의 기슭 사이에 바다가 흐르게 하여라.' – 칼릴 지브란

스마트폰으로 텔레비전을 볼 수 있고 게임을 하고 인터넷 검색도 할 수 있다. 그렇기 때문에 뇌에 미치는 영향력 측면에서 볼 때, 스마트폰은 TV와 게임 그리고 인터넷이 미치는 영향력을 넘어설 정도로 강력한 영향력을 뇌에 미친다.

가장 심각한 것은 전두엽이 꺼져 있는 시간을 엄청나게 확대한 것이다. 24시간 켜져 있는 스마트폰이 늘 손안에 있게 되면서 전두엽이 꺼진 채 사는 시간이 더욱 늘어나게 되었다. 켜지는 순간이 거의 없어졌다고 해야 할까?

스마트폰을 사용하기 전까지는 그래도 가끔씩은 전두엽이 켜졌다. TV나 컴퓨터와 같은 미디어 기기들은 24시간 내내 켜져 있지 않

있다. 사용할 때만 켰기 때문에 다행히도 미디어 기기와 떨어져 있는 시간이 그나마 있었다. 그런데 스마트폰은 24시간 내내 켜져 있다. 켜져만 있는 것이 아니라 손에서 떨어지지 않는다.

스마트폰의 용도 중 가장 많은 것이 SNS이다. 서로 소통하고 싶어 하는 것이 사람의 본능적 욕구이기 때문이다. SNS는 스마트폰 사용자들에게 '실시간 알림 서비스'를 해주고 있다. 그런데 이런 서비스는 사고를 자꾸 분산시키기 때문에 지금 하는 일에 집중하지 못하도록 만든다. 의식적인 집중을 해야 전두엽이 켜진 채 일을 할 수 있는데 그것을 방해한다. 설사 전두엽이 켜지더라도 금방 꺼지게 만든다. 기기는 스마트하지만 사용하는 사람을 전혀 스마트하지 않게 만드는 것이 바로 스마트폰이다.

아이들을 미디어 기기에 방치하면

우리 삶 속에 녹아 있는 미디어 기기들은 주의집중을 하지 못하도록, 정신을 산만하도록 하는 역할을 한다. 정신을 분산시키기 때문에 집중과 몰입을 하도록 만드는 전두엽이 전혀 활성화되지 못하고 꺼져 있게 된다. 결국 전두엽을 켤 수 없도록, 꺼져 있도록 만든다.

미디어 기기는 주의집중을 하려고 하지 않아도 접하는 순간 자동으로 쏙 빠져들게 된다. 웹 콘텐츠이든 TV의 영상이든 계속 클릭을 하도록 하거나 보게 해야 하기 때문에 뇌에 굉장히 강렬한 자극을 준다. 달리 말해 수동적으로 몰입하게 만드는, 빠져들게 만드는 정보들이다. 그런 정보들이기 때문에 접하는 순간 전두엽이 꺼지는 '수동적인 집중'을 하게 된다. 결국 생각하지 못하게 되고, 자연스럽게 전두엽이 꺼진다. 물음표가 꽂힐 공간이 없어지게 된다.

미디어 기기를 접하면 반복도 자동으로 된다. 미디어 기기가 일상에 녹아 있고 중독성이 강해 접하는 시간이 늘기 때문이다. 내가 접한 시간만큼, 내가 그것을 사용한 시간만큼 반복을 하는 것이다.

이처럼 자동으로 '주의집중'과 '반복'을 하게 되면 뇌에 있는 신경회로에 길이 나고, 그 길은 점점 넓어지게 된다. 굳은 신경망이 되는 것이다. 그렇다면 그 길이 정말로 좋은 길인지 안 좋은 길인지를 따져봐야 하지 않을까? 웹 콘텐츠들은 정신없고 산만하며 뇌를 굉장히 피곤하게 하는, 사고를 자꾸 끊기도록 하는 것들이기 때문에 좋은 것이 아니다. 전두엽을 끄게 만든다거나 전두엽이 켜진다 해도 아주 잠깐 켜지는데 그쳐 전두엽이 발달하거나 성장할 수 없게 만든다. 이런 자극들은 건강하지 않은 뇌를 만든다.

어릴수록 뇌는 훨씬 더 유연해서 가소성이 높다. 이때는 자극을 스펀지처럼 쫙쫙 빨아들인다. 어린아이가 언어를 배우는 것만 봐도 알 수 있다. 똑같은 언어 자극이 주어지는 환경에서 아이들은 어른들보다 언어를 훨씬 빨리 배운다. 이처럼 아이들의 경우 뇌가 외부 환경 자극을 쫙쫙 받아들이기 때문에 아이들이 자주 접하는 환경은 특히나 더 중요하다.

학교에서 아이들을 만나보면 부모의 사랑을 많이 받아서 부모님과 애착관계가 형성되어 있는 아이, 어릴 때 부모가 책도 잘 읽어주고 영상에 노출시키지 않고 키운 아이는 다르다. 친구들한테도 사랑받을 뿐 아니라 어떤 선생님을 만나든 사랑을 받는다. 늘 사랑을 받아왔기 때문에 사랑을 잘 주고 잘 받는다. 이런 아이는 건강한 뇌를 가지고 있다고 할 수 있다. 뇌가 좋은 환경에서 좋은 자극들(긍정적인 자극)을 먹고 자랐기 때문에 건강한 것이다.

그렇지 않고 어렸을 때부터 TV나 컴퓨터 게임에 노출된 아이들은 뇌 상태가 심각하다. 이런 아이들을 살펴보면 어릴 때 환경이 거의 비슷하다. 유치원(혹은 초등학교)이 끝나고 집에 가면 돌봐주는 어른이 없다. 그럼 이 아이는 집에서 TV를 보거나 컴퓨터 게임을 한다. 하루도 빠짐없이 최소 세 시간 이상을 한다. 그러면 뇌는 TV나 게임이 쏟아내는 좋지 않은 자극을 스펀지처럼 쫙쫙 흡수한다. 뇌가 가장 유연한 시기, 뇌가 스펀지처럼 물렁물렁한 어린 시기에 이런 자극을 끊임없이 받았기 때문에 게임중독, 영상중독, 미디어중독이 될 수밖에 없다. 전두엽이 늘 꺼져 있는 상태로, 아니 전두엽이 거의 발달하지 않은 상태로 자라게 된다.

이런 아이의 학습능력은 당연히 떨어진다. 그뿐만이 아니다. 텔레비전이나 게임과 같은 강한 자극이 아니면 반응을 하지 않는다. 남에 대한 배려, 예의나 예절을 전혀 모르고 인간관계 능력도 많이 부족하다. 전두엽이 발달해야 감정을 컨트롤할 수 있는데, 이런 게 전혀 안 돼서 충동적이고 폭력적일 때가 많다. 또한 전두엽이 발달하지 못해 집중이나 몰입을 하지 못하고, 생각하는 것 자체를 어려워한다. 이해능력이나 암기능력 및 표현능력도 현저히 떨어진다.

또 다른 경우는 미디어 기기가 아닌 학습지나 책과 같은 것에만 노출시킨 경우이다. 이 경우 부모와의 애착관계가 형성되지 않아 애정결핍이라는 근본적인 정서장애가 발생한다. 대뇌변연계가 발달해야 하는 시기에 그걸 건너뛰고 대뇌신피질로 왔기 때문에 자연적인 순서를 거스른 것이다. 인지적 능력은 문제가 없으나 정서적으로 건강하지 못한 아이가 된다. 애정결핍이 기본적으로 깔려 있기 때문에 누군가에게 인정을 받으려고만 하고 정작 중요한 자신의 느낌을 알아차리지 못한다. 자기감정을 잘 알아차리지 못하고 다루지도 못한다. 감정 표현을 한다 해도 차갑게 혹은 딱딱하게 표현해서 주변 친구들이 싫어한다.

어린 학생에게 스마트폰이 있다? 이것 또한 아이를 방치하는 것이다. 스마트폰은 핸드폰이 있을 때와는 다른 차원의 문제가 발생한다. 핸드폰의 경우 요금제 제한으로 인해 사용에 제약이 주어졌다. 즉 24시간 가지고 있다 하더라도 24시간 사용할 수 없었다. 하지만 스마트폰은 본질적으로 다르다. 부모의 간섭이나 통제를 벗어나 언제 어디서든 24시간 콘텐츠를 무제한 사용할 수 있다. 이것을 손에 쥐어주는 것은 아이를 방치하는 것과 같다.

요 몇 년 사이 같은 나이의 아이들을 만나면 매해 확 달라진 것을 느낀다. 심각성이 위험 수위를 넘어섰다고 해야 할까? 나는 그 시점을 아이들의 손에 스마트폰이 쥐어지기 시작하면서부터라고 본다.

'방치'는 '방목'과 다르다. 가축을 키울 때 방목을 하지 방치하지 않는다. 방목할 때는 가축에게 해를 줄 수 있는 위험한 동물들이 들어오지 못하도록 울타리를 치는 등 위험 요소를 제거하여 안전한 환경을 먼저 조성한다. 안전한 환경을 만들어 놓은 후에 가축을 풀어놓아 마음껏 뛰놀도록 한다. 이것이 방목이다. 방목은 사랑의 표현이다.

아이를 방치해 놓고서 방목이라고 하면 안 된다. 둘 다 겉보기에는 자유로워 보이지만 결과는 하늘과 땅 차이다. 유아 시절 아이와 애착관계를 형성하지 않는 것은 방치다. 아이에게 스마트폰을 그냥 주는 것은 방목이 아니라 방치이다.

아이에 대한 이야기를 했지만 아이에게만 해당되는 것은 아니다. 나 자신에게도 해당된다. 전두엽을 죽이는 최악의 공간에 내 전두엽을 방치하고 있는 것은 아닌지 살펴봐야 한다. 건강한 뇌를 가지고 있느냐 건강하지 않은 뇌를 가지고 있느냐는 방목했느냐 방치했느냐의 결과물이다.

4. 미디어 기기에서 얻는 것과 잃는 것

'우리의 도구는 이 도구가 그 기능을 증폭시키는 우리 신체의 어떤 부분이라도 결국 마비시키게 된다.' 예를 들어, 동력 직기가 개발됐을 때 방직공들은 수작업으로 하는 것보다 훨씬 많은 옷을 만들 수 있었지만 섬유를 느끼지 못하는 것은 물론 손재주의 일부도 잃었다. 그들의 손가락은 마비된 것이다. 마찬가지로 농부들은 기계식 써레와 쟁기를 사용하기 시작하면서 토양에 대한 감각을 일부 잃어버렸다. 차바

퀴 위에 앉아 있을 때 우리는 걸어서 갈 때보다 더 먼 거리를 갈 수는 있지만 땅과의 친밀한 접촉은 할 수 없게 된다. -「생각하지 않는 사람들」

도구의 사용으로 잃어버리게 되는 능력이 있다. 예전에는 그래도 손이나 발과 같은 신체 일부분을 마비시켰는데 미디어 기기부터는 달라진다. 미디어 기기는 전두엽을 꺼버리기 때문에 전두엽이 가진 능력을 전혀 발휘할 수 없게 만든다. 쉽게 말해 전두엽을 마비시킨다.

물론 미디어 기기를 통해 얻는 편리함이 있다. 시간과 공간의 제약으로 하지 못했던 것들을 할 수 있도록 해 주기 때문에 기기가 주는 편리함은 가히 혁명적이며 중독성이 있다. 미디어 기기로 얻는 것은 시간과 공간적 제약을 넘어선 편리함, 매력적이고 흥미로운 정보에 쉽게 접속하기, 실시간 소통 등이다. 하지만 산만함, 기기에 의존하기, 외부 자극에 자동 반응하기, 전두엽 퇴화시키기, 사고를 분산시키기, 생각 안 하기 등과 같은 부정적인 것도 얻게 된다.

미디어 기기의 사용으로 잃는 것은 전두엽이 가진 모든 능력이다. 전두엽이 꺼져 있기 때문에 전두엽만이 할 수 있는 생각하기, 몰입하는 능력, 깊고 지속적인 집중력, 읽고 사고하기, 독창적 지식이 피어오르게 하는 능력, 꿈꾸는 능력, 감정 컨트롤하기, 나를 나답게 하는 '나다움' 등을 잃어버리게 된다.

미디어 기기는 도구이다. 도구는 누가 어떻게 쓰느냐에 따라 달라진다. 의사가 칼을 들면 사람을 살리는 도구가 되지만, 강도가 칼을

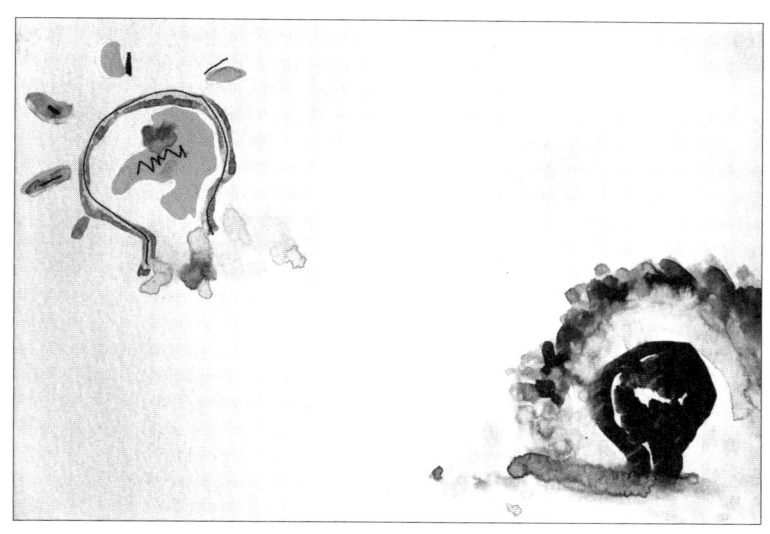

들면 사람을 죽이는 도구가 된다. 미디어 기기는 칼과 같다. 전두엽을 켜 놓고 의식하며 미디어 기기를 사용하면 나를 살리는 도구가 될 수 있지만, 전두엽을 끈 채 무의식적으로 사용하면 나를 죽이는 도구가 되고 만다.

꺼져 있는 전두엽을 켜고, 죽어가는 전두엽을 살려야 한다. 그런데 전두엽은 절대 저절로 켜지지 않는다. 저절로 발달하지 않는다. 쓴만큼, 켜져 있는 만큼만 발달한다. 그러니 우리 스스로 전두엽을 켜서 작동시켜야 한다. 전두엽을 켜야 내가 원하는 모습을 찾아 꿈꾸며 살수 있다. 나다움을 찾아 맘껏 표현하며 살 수 있다. 그래야 내 삶을 내가 주도하며 창조할 수 있다.

사람다움이란?

Chapter **02** 사람다움이란?

사람다움이 발휘되는 곳이 전두엽이라고 했는데, 그렇다면 사람다움이란 무엇일까? 사람다움에 대해 얘기하기 전에 여러분에게 들려주고 싶은 두 개의 이야기가 있다.

1. 사자와 독수리 이야기

생생한 이야기 전달을 위해 구어체로 소개한다.

첫 번째 이야기

수천 마리의 양들이 맘껏 뛰어놀며 자라는 넓~은 목장이 있었어. 어느 날 늑대 두 마리가 양을 잡아먹기 위해 목장에 왔어. '우리 저 쪽에서 몰아서 저 양을 잡으면 되겠다. 그치?'

그렇게 둘이서 들어갈 방향과 사냥할 양을 정하고서 순식간에 목장으로 뛰어 들어갔어. 목표했던 양을 잡으려는 찰나!

두 늑대는 깜짝 놀라 멈춰 섰어. 얼음처럼 굳어버린 거지. 글쎄 사자 한 마리가 근처에 있는 거야. 두 늑대는 정신없이 도망치다가 사자가 쫓아오지 않는다는 것을 알고서 멈춰 섰지. 둘은 다시 목장이 잘 보이는 곳에 자리를 잡은 후 한숨을 돌리고 나서야 대화를 시작할 수 있었어.

'야~ 나 심장이 터져서 죽는 줄 알았다. 갑자기 사자가 눈에 확 들어오잖아. 어휴~ 근데 거기에 왜 사자가 있는 거냐? 우리가 올 것을 알고 노리고 있었던 거야, 아니면 양을 사냥하는 시간이 겹친거야?'

'그건 아닌 것 같아. 저기 봐. 그 사자 아직도 목장에 그대로 있어.'

두 늑대는 대화를 멈추고 조용히 사자를 관찰하기 시작했어. 도대체 왜 사자가 아직도 거기에 있는지 너무 궁금했거든. 그런데 두 늑대를 더 놀라게 한 건 사자의 행동이었어. 글쎄 그 사자가 양이 먹는 풀을 뜯어 먹고 양이랑 같이 놀면서 양처럼 살고 있었거든. 자기들이 두 눈으로 직접 보고 있으면서도 도저히 믿을 수 없는, 그런 경험을 한 거야.

두 늑대는 충격과 놀람을 안고 숲으로 돌아왔어. 돌아오자마자 목장에 살고 있는 사자 이야기를 숲에 있는 모든 늑대들에게 해 줬지. 처음에 그 말을 늑대들은 '야~ 니네 뻥치지 마라. 사자가 양처럼 산다는 게 말이 되냐?'라며 당연히 믿지 않았어.

그런데 두 늑대가 직접 가서 보라며, 자기들 말이 틀리면 자기들도 풀 뜯어먹으며 살겠다고 하는 거야. 그래서 늑대들이 가 봤더니 사실인거야. 늑대들에게는 정말 충격이었지. 양처럼 사는 사자 이야기는 퍼지고 또 퍼져 숲에 사는 모든 동물들에게 전해졌어.

소문은 언제나 당사자에게는 가장 늦게 전해지는 법. 그 소문이 밀림의 왕인 사자 귀에까지 들어갔어. 사자는 처음엔 '그건 우리 사자를 모함하기 위한 소문일 뿐이다.'라고 무시했어. 그런데 시간이 갈수록 사실이라고 말하는 동물들이 늘어나는 거야.

어느 날 이래서는 안 되겠다고 판단한 우두머리 사자는 이 소문을 제일 먼저 퍼뜨린 동물을 당장 잡아오라고 명령했어. 늑대 두 마리를 잡아오자 사자가 말했어.

'너희는 우리 사자를 어떻게 보고 그런 말도 안 되는 거짓말을 만들어 퍼뜨린 것이냐?'

그런데 평상시 같으면 말 한 마디 못하고 벌벌 떨었을 늑대가 아주 당당하게 말하는 거야.

'왕이시여, 아닙니다. 저희는 진실을 말한 것입니다. 직접 가서 보십시오. 그러면 저희 말이 거짓이 아닌 사실임을 알게 될 것입니다.'

아주 당당하게 말하니 왕도 할 말이 없는 거야. 그래서 사자 중에서 가장 빠르고 똑똑하고 젊은 사자를 불렀어.

'네가 직접 가서 알아 보거라.'

그리고 늑대들에게는 이렇게 말했어.

'거짓일 경우 너희들은 내가 직접 죽여주마. 아니 이 숲에 있는 늑대는 한 마리도 살아남지 않도록 해 주마.'라고.

젊은 사자는 그 길로 바로 양들이 있는 목장으로 달려갔어. 양들이 잘 보이는 곳에 자리를 잡고 '설마 사자가 있겠어?'라고 생각하며 살펴보던 젊은 사자는 깜짝 놀랐어. 정말 양 무리 속에 사자 한 마리가 있었거든. 그걸 본 순간 젊은 사자는 목장에 뛰어들었어. 그러자 양들과 (양처럼 살고 있는)사자가 도망을 가는 거야. 젊은 사자가 그 사자를 잡았어. 그랬더니 그 사자가 '제발 살려주십시오.' 하며 애원을 하는 거야. 젊은 사자는 어이가 없었지.

'야~ 네 모습을 봐라. 옆에 있는 저 양들이랑 생긴 것부터 다르잖아. 넌 사자야. 나처럼 사자라고.'

'아닙니다. 저는 양입니다. 양들이랑 털 색깔과 몸집 크기 그리고 얼굴이 조금 다르게 생겼을 뿐이지 저는 양입니다.'

'야~ 네가 왜 양이냐? 사자라고! 사자.'

아무리 얘기를 해도 믿지 않자 젊은 사자는 그 사자를 데리고 냇가로 갔어. 직접 자기 모습을 보아야 사자라는 것을 믿을 것 같았거든.

'자~ 네 모습을 봐라. 물에 비친 저 모습이 바로 너의 진짜 모습이다.' 그 사자는 물에 비친 자기 모습을 보게 되지. 그리고서 알게 돼.

'아~ 내가 사자였구나! 양이 아닌 사자였구나. 사자인데도 나는 양인 줄 알고 양처럼 살았구나! 지금까지 나는 나를 잃어버린 채 살고 있었구나.'

자기를 잃어버린 채 살아온 세월에 대한 슬픔과 안타까움에 사자는 울음을 터뜨려. 자기 안의 울음이 울부짖음으로 터져 나오면서 숲을 뒤흔들 정도로 큰 사자후가 터져 나온 것이지. 이렇게 사자후를 터뜨린 것은 태어나 처음이었어.

사자후를 터뜨린 그 사자는 젊은 사자와 같이 숲으로 돌아간단다. 그리고 죽을 때까지 멋있는 사자로 살아.

두 번째 이야기

닭을 방목시켜 키우는 양계장이 있었어. 어느 날 배가 고팠던 매가 닭을 잡아먹기 위해 하늘에 떴어.

'어떤 닭을 잡을까?' 살펴보다가 사냥감을 정했지. 매는 사냥감으로 정한 닭이 있는 곳까지 눈 깜짝할 사이에 내려왔어. 낚아채려고 하기 직전!

매는 깜짝 놀랐어. 근처에 독수리가 있었거든. 독수리에 대한 두려움으로 닭을 사냥하겠다는 마음이 사라진 매는 내려오던 속도를 이길 수 없어 땅에서 몇 바퀴를 굴렀어. 매는 정신을 차리자마자 하늘로 날아오른 뒤 높은 나뭇가지에 앉았어. 도대체 왜 저기에 독수리가 있는지 알 수 없었거든. 그래서 독수리가 무엇을 하는지 자세히 살펴봤어. 그랬더니 글쎄 독수리가 닭이랑 같이 놀면서 풀과 벌레, 지렁이를 쪼아 먹고 있는 거야. 매는 충격에 빠졌어.

매는 자기 마을로 돌아오자마자 닭처럼 사는 독수리에 대해 이야기하기 시작했어. 그러자 마을에 사는 매들이 말했어.

'야~ 말이 되는 소리를 해라. 어디서 헛것을 보고 와서 그런 얘기를 하냐. 이 얘기 독수리 귀에 들어가면 우린 다 죽는다.'

그런데 이건 매가 직접 경험한 사실이잖아. 그래서 매가 당당하게 소리를 쳤지.

'이게 사실이 아니면 내 한 쪽 날개를 자르십시오.'

평소 마을에서 인정을 받아왔던 매였기에 마을의 매들은 양계장에 가보기로 결정을 내렸어. 그래서 가봤더니 정말 독수리 한 마리가 닭처럼 사는 거야. 이 소식은 새들의 세계에 빠르게 퍼져나갔지. 참새, 딱따구리, 부엉이, 까치, 까마귀, 백로, 앵무새 등 많은 새들도 이 소식을 듣고는 직접 양계장에 가 봤어. 그런데 그게 정말 사실이잖아. 이 소식은 드디어 독수리 귀에까지 들어가게 되었어.

독수리는 처음에는 '그건 새들의 왕인 우리 독수리를 모함하기 위해 만들어낸 헛소문일 뿐이다.'라고 무시했어. 그런데 만나는 모든 새들이 독수리를 볼 때마다 사실이라고 하니 그냥 넘길 수가 없잖아.

사태 해결을 위해 우두머리 독수리가 명령했어. 닭처럼 사는 독수리에 대해 가장 먼저 이야기한 매를 잡아오라고 말이야. 잡혀온 매에게 왕은 말했어.

'네가 한 말이 사실이냐? 있을 수도 없는 일을 사실처럼 말하다니 내가 너를 죽여 본을 보이겠다.'

그러자 매가 당당하게 말하는 거야.

'왕이시여, 확인도 하지 않으시고 어찌 저를 죽이시려 합니까? 직접 확인해보시면 제 말이 사실인지 거짓인지 알 수 있지 않습니까? 확인을 한 후에 저를 처리하십시오. 아니 저뿐만이 아니라 모든 매를 처리하셔도 됩니다.'

왕은 이 자신감이 도대체 어디에서 나오는지 궁금했지. 그래서 독수리 중에서 가장 날렵하고 똑똑한 젊은 독수리를 불렀어.

'네가 가서 직접 확인하고 오너라.'

양계장 근처로 날아간 젊은 독수리는 높은 하늘에서 관찰하기 시작했어. 당연히 독수리가 없을 것이라고 믿고 있던 젊은 독수리는 깜짝 놀랐어. 정말 독수리 한 마리가 닭들과 같이 있었거든. 그래서 쏜살같이 독수리가 있는 곳으로 내려갔어. 그랬더니 그 독수리가 닭들과 함께 도망을 가는 거야. 젊은 독수리가 그 독수리를 잡고서 말했어.

'야~ 너 왜 도망 가냐?' '제발 목숨만 살려주십시오.'

'너 내가 누군지 아냐?' '새들의 왕인 독수리님이시잖아요.'

'그럼 너는 누군지 아냐?' '네, 알고 있습니다. 저는 닭입니다.'

'뭐? 닭이라고? 네가 닭이라고? 주변에 있는 저 닭들이랑 너랑 생긴 걸 비교해봐라. 같으냐? 몸집도 다르고 색깔도 다르고 부리도 다르고 전부 다르잖아.'

'저는 조금 다르게 생겼을 뿐 닭입니다. 보십시오. 이렇게 풀도 먹고 벌레도 쪼아 먹지 않습니까. 제발 살려주십시오.'

젊은 독수리는 어이가 없었어. 아무리 얘기를 해도 믿지 않는 것을 알고서 직접 자기 모습을 볼 수 있는 곳으로 데리고 가기로 했지.

'날 따라와.'

그러자 그 (닭처럼 사는) 독수리가 말했지.

'저는 못 나는데 어떻게 따라가나요?'

'야~ 나처럼 이렇게 날개를 펴 봐. 그리고 이렇게 해 봐.'

그렇게 했더니 자기도 몸이 뜨면서 날 수가 있는 거야. 신기하다고 생각하면서 젊은 독수리를 따라갔지. 젊은 독수리가 데려 간 곳은 깨끗한 냇물이 흐르는 곳에 우뚝 솟은 바위였어.

'자~ 이제 네 모습을 아주 똑똑히 봐라. 네가 닭인지 독수리인지 잘 보란 말이다.'

그랬더니 그 독수리가 뭐라고 했는지 알아?

'제가 독수리랑 모습이 좀 비슷하게 생긴 것 같기는 한데 그래도 저는 닭입니다. 혹시 제가 진짜 독수리라고 하더라도 저는 그냥 닭으로 살래요. 지금까지 닭으로 살아왔고 그게 저는 편합니다. 그러니 그냥 닭으로 살게 해 주세요.'

결국 그 (닭처럼 사는) 독수리는 평생을 양계장에서 살아. 풀 쪼아 먹고 주는 모이만 받아먹으며 닭처럼 살다가 죽어.

Q 사자와 독수리의 삶은 무엇을 나타내나?

A 사자는 자기가 사자라는 걸 몰랐다. 그래서 주변에 같이 사는 양처럼 풀을 뜯어먹으며 양으로 살았다. 독수리도 자기가 독수리라는 걸 몰랐다. 그래서 주변에 있는 닭처럼 주는 모이를 먹고 풀을 쪼아 먹으며 닭으로 살았다. 둘 다 자신이 누군지 전혀 몰랐다. 자기의 원래 모습을 잃어버린 채 살았다. 그냥 주변에 같이 살고 있는 동물과 자기를 동일시하며 정체성을 잃어버린 채 살고 있었다. 그렇게 살다가 자기의 본래 모습을 보게 된다.

사자는 사자후를 터뜨린 후 새로운 삶을 위해 숲으로 돌아가지만 닭은 예전의 삶을 유지하기 위해 양계장으로 돌아온다. 양처럼 살다가 사자로 사는 것은 사자다움을 찾아 '진짜 나'로 사는 것이고, 독수리임에도 불구하고 닭처럼 계속 사는 것은 독수리다움을 잃어버린 채 '가짜 나'로 사는 것이다.

공식적인 사자와 독수리 이야기는 여기까지이지만 숨겨진 뒷이야기가 있다.

숲으로 돌아간 '양사자'

양처럼 살았던 사자는 난생 처음 사자후를 터뜨려. 잘못 살아온 자기 인생이 불쌍하고 안타깝고 서글퍼서 울부짖지 않을 수 없었거든. 사자라는 걸 알고 나니 사자로 살고 싶었어. 그래서 젊은 사자를 따라 숲으로 가. 새로운 삶이 시작된 거지. 그 시작이 뭐였는지 알아?

그전에는 그냥 이름 없는 하나의 양일뿐이었는데 사자들이 이름을 지어줘서 자기에게 이름이 생겼다는 거야. 이름이 뭐냐구? 다들 양처럼 살다가 왔다고 해서 사자 앞에 '양'자를 붙여 양사자라고 했지. 그 사자는 양사자라는 이름이 마음에 들었어. 자기의 옛 모습을 일깨워주기도 했고, '이제는 양처럼 살지 않고 사자로 살겠다!'는 다짐을 새록새록 만나게 해줬거든.

양사자는 지금까지 양처럼 살아왔기에 양의 생활습관이 몸과 마음에 배어 있었어. 그래서 젊은 사자에게 하나씩 배워가기 시작했어. 아침에 일어나서 기지개 켜는 것부터 걷는 법, 뛰는 법, 엎드리는 법, 자는 법, 쉬는 법, 목욕하는 법, 사냥하는 법, 식사하는 법, 다른 동물을 만날 때 하는 말과 행동 등… 수많은 것을 처음부터 배우고 익히기 시작했어. 진짜 공부를 시작하게 된 거야.

양사자는 3년을 배우고 나서야 다른 사자들과 함께 사냥을 할 수 있게 되었어. 사냥이 쉽지 않았고 실패할 때도 많아서 굶을 때도 있었지만(그럴 때는 가끔씩 양으로 살았던 때가 생각나기도 했지만), 양사자는 양으로 돌아가진 않았어.

양계장으로 돌아온 '닭수리'

젊은 독수리를 따라 난생 처음 날개를 펴고 계곡에 가 봤던 독수리는 다시 양계장으로 돌아왔어. 그리고 닭이 되었지. 젊은 독수리를 따라 하늘 높이 날아오르는 걸 봤던 닭들은 깜짝 놀랐어. 독수리와 함께 가서 다시는 안 돌아올 줄 알았는데 다시 돌아왔으니 놀랄 수밖에…

닭들은 너무 반가웠어. 그래서 이름도 지어주었지. '닭수리'라고. 모두들 닭수리라고 불렀어.

'넌 독수리와 닮았지만 우리와 같은 닭이야. 그러니 닭수리라고 하자.'라며 새롭게 이름을 지어준 거지. 닭수리는 그렇게 새로운 닭(²)으로 다시 한 번 태어났어.

닭수리 근처에는 친구들이 굉장히 많았어. 가장 큰 이유는 닭들을 사냥하는 매가 하늘에 떠도 닭수리 근처에 있으면 안전했기 때문이야. 닭수리 근처에는 숲의 어떤 새들도 접근하지 못했거든.

닭수리는 주는 모이를 먹으며 하루하루를 살았어. 가끔은 넓고 높은 하늘을 마음껏 나는 새들을 보며 날고 싶다는 생각이 들기도 했지만 그럴 때마다 자신에게 말했어.

'난 닭수리야. 모두가 나를 닭수리라고 불러. 난 닭이라고. 내가 어떻게 날아? 그때 젊은 독수리와 날았던 건 기적이고 정말 우연이었을 뿐이야.'

닭수리는 결국 그렇게 하루하루를 살다가 죽었어. 마음 한편에 늘 공허함이, 시원함이 아닌 왠지 모를 씁쓸함을 안고서 말이야.

양사자와 닭수리의 뒷이야기는 여기까지인데, 이야기 속에는 사람다움을 찾아 산다는 것이 어떤 것인지에 대한 뜻도 숨겨져 있다.

Q 양사자의 삶과 닭수리의 삶은 무엇을 의미하나?

A 닭수리의 삶에 '나'는 없다. 주변 사람들의 말만 있다. 그 말들에 자기가 직접 마침표를 찍어 그대로 받아들인다. '모두들 날 닭수리라고 불러. 난 닭수리야. 닭이야.'라고 말이다. 그렇게 자기를 믿고 살기 때문에 자신이 가지고 있는 본래의 능력(모습)이 나올 수 없다.

원하는 대로 마음껏 하늘을 날 수 있는 능력이 있음에도 불구하고 '저렇게 날면 얼마나 좋을까?' 희망만 하며 산다. 날 수 있는 능력이 없다고 믿고 살기 때문에 날개 한 번 펴지 않는다. 결국 날개를 평생 접고 산다.

'지금까지 내가 닭으로 살아온 게 얼만데, 얼마나 익숙하고 편한데… 지금부터 독수리로 살라고?'

닭수리는 어쩌면 자기가 독수리라는 것을 알았는지도 모른다. 알면서 인정하지 않았을 수도 있다. 인정하면 새롭게 독수리로 살아가야 한다는 것이 두려웠을 것이다.

닭수리 가슴 깊숙한 곳에서는 독수리로 살아야 한다고, 그렇게 살고 싶다고 말하고 있었을 것이다. 하지만 가슴의 소리를 듣고 그걸 따르려면 지금까지의 편안함과 익숙함을 떠나야 했기 때문에, 닭수리는 끝끝내 그 소리를 듣지 않고 일부러 피했다.

양사자는 달랐다. 익숙하고 편했던 모든 것을 떠난다. 이건 그냥 되는 게 아니라 죽을 각오와 결심을 해야 가능하다. 양사자는 사자로 사는 삶이 어렵고 힘들다는 걸 알았다. 하지만 주변의 말이나 상황보다는 가슴의 소리를 듣고 따랐다.

예전에는 '나는 풀을 뜯어먹고 사는 양이야.'라고 믿고 살았고 거기서 끝이었다. 그런데 이제는 이렇게 믿게 되었다. 나는 밀림의 왕인 사자야. 사자로 태어났고 사자로 살아야 하는 존재야. 사자로 살려면 양처럼 살아왔던 것을 버려야 해. 새롭게 태어나야 해. 내 생각, 마음가짐, 태도를 사자답게 바꿔야 해. 물론 이것은 쉽지 않아. 하지만 어렵고 힘들어도 이렇게 사는 것이 내 가슴을 뛰게 해!

이처럼 양사자는 늘 자신에게 용기를 주었고 격려를 해 주었다. 편안함과 익숙함을 떠나는 것이 두려웠지만, 두려움을 이겨내고 한 걸음 내디뎠을 때 양사자는 사자다움을 회복해 '살아 있음'을 몸소 느낄 수 있었다.

2. 사람다움과 '사람 씨앗'

사자는 사자답게, 독수리는 독수리답게 살아야 공허함이 아닌 뿌듯함을 만날 수 있다. 사람도 마찬가지다. 사람은 사람답게 살아야 뿌듯함과 기쁨을 만날 수 있다. 그렇다면 사람다움이란 무엇일까?

사과 안에는 '사과 씨앗'이 있다. 그리고 그 씨앗 안에는 심으면 싹 트고 자라서 사과를 맺을 수 있는, 사과나무가 될 수 있는 유전 정보가 들어 있다. 사과에 대한 모든 유전 정보를 세 글자로 나타내면 이렇다. 사.과.됨.

사과 씨앗 안에 사.과.됨.이 들어 있기 때문에 사과가 될 수 있다. 하지만 씨앗이 그냥 쉽게 사과가 되지는 않는다. 그 씨앗이 싹을 틔운 후 자라야 사과라는 열매를 맺을 수 있다. 사람도 마찬가지다. 사.과.됨.이 들어 있는 사과 씨앗이 있듯이 사람에게도 사람다움이 들어 있는 '사람 씨앗'이 있다. 옛 선조들이 말씀하셨던 '사람이 되어야 한다.'는 말을 자세히 풀면 '사람 씨앗이 싹트고 자라야 사람이라는 열매를 맺는다. 사람답게 살 수 있다.'는 말이다.

사람다움이 들어 있는 두 가지 '사람 씨앗'이 있는데, 하나는 '생각 씨앗'이고 또 하나는 '사랑 씨앗'이다. '생각 씨앗'은 사람의 뇌(더 자세히 말하면 전두엽)에 심어져 있고 '사랑 씨앗'은 사람의 가슴에 심어져 있다. 이 두 개의 '사람 씨앗'이 싹을 틔워 자라야 사람이라는 열매를 맺게 된다.

이 책에서는 두 개의 사람 씨앗 중 '생각 씨앗'을 싹 틔우고 가꾸는 방법에 대해서만 다루었다.

생각 씨앗과 사랑 씨앗 둘 다 처음에는 모두 씨앗과 같은 마침표 모양(.)이다. 이 씨앗이 싹트지 못하고 자라지 못하면 . 모양 그대로이다. 그 결과 뇌(전두엽)에 심겨진 생각 씨앗도 . 모양이고, 가슴에 심겨진 사랑 씨앗도 . 모양 그대로 있게 된다.

하지만 싹이 터서 자라면, 뇌(전두엽)에 심겨진 생각하는 씨앗은 . 에서 ? 모양으로 자라고, 가슴에 심겨진 사랑하는 씨앗은 . 에서 ! 모양으로 자란다.

내가 가지고 있는 사람 씨앗이 잘 자라고 있는지 그렇지 않은지는 내가 어떤 부호를 찍고 살고 있느냐를 보면 알 수 있다. 그 부호는 내가 가진 사람 씨앗이 어떤 상태인지를 알려준다. 만약 뇌(전두엽)에 물음표가 꽂혀 있고, 가슴에 느낌표가 찍혀 있다면, 사람 씨앗이 잘 자라고 있다는 증거이다. 하지만 뇌(전두엽)에도 마침표가 찍혀 있고, 가슴에도 마침표가 찍혀 있다면, 사람 씨앗이 싹을 틔우지 못해 사람다움을 잃어버린 채 살고 있다는 증거이다.

03

생각의 실체

Chapter 03

생각의 실체

사람은 생각하는 존재이다. 즉 생각을 '하는' 존재가 될 때 사람다움을 찾게 된다. 하지만 사람다움을 찾기 전에 해야 할 중요한 일이 있다. 바로 생각이라는 것의 실체를 밝히는 것이다. 우리가 지금까지 놓치고 있었던 생각의 실체를 밝혀보자.

1. 생각과 부호의 관계

'난 그거 못 해. 어려울 거야. 그건 내 성격에 안 맞아. 경제적 여유가 없어. 난 그렇게 똑똑하지 않아. 규칙을 어겨선 안 돼. 나는 나이가 너무 많아(혹은 너무 어려). 내겐 에너지가 부족해. 나는 너무 바빠. 가족이 문제야. 우리 집은 가난해…'

우리가 흔히 하는 이런 습관적인 생각들이 삶에 영향을 미친다.

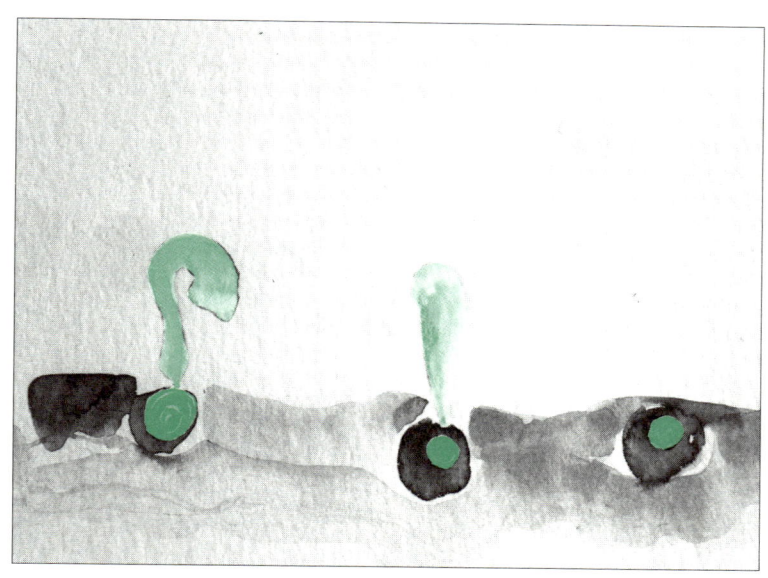

그렇다면 생각은 어떻게 삶에 영향을 미치게 되는 걸까? 생각 혼자서 삶에 영향을 줄 수 있는 걸까?

습관화 된 생각들을 예시로 들었는데, 보통 생각을 큰 묶음으로 뭉뚱그려 보기 때문에 생각으로만 되어 있다고 받아들인다. 그런데 생각의 실체를 밝히려면, 생각을 뭉뚱그려 보지 말고 쪼개서 봐야 한다. 그렇게 쪼개서 보면 생각이 홀로 있지 않다는 것을 알 수 있다.

먼저 '난 그거 못 해.'를 작은 부분까지 놓치지 않고 자세히 살펴보자.

'난 그거 못 해'라는 생각 바로 뒤에 조그만 점이 찍혀 있다. 바로 . , 마침표이다. 작아서 잘 보이지 않을 뿐이지 생각 뒤에 마침표가 떡~하니 자리 잡고 있다.

'난 그거 못 해.'를 이루고 있는 것은 '난 그거 못 해(생각) **+** . (마침표)**'이다.**

생각을 따라다니는 이 조그만 녀석 ' . '

문제 많고 말썽 많은 녀석이니 잘 봐야 한다.

앞에 예시로 들었던 생각들을 마침표가 잘 보이도록 표시해 보았다.

'난 그거 못 해 . 어려울 거야 . 그건 내 성격에 안 맞아 .

경제적 여유가 없어 . 난 그렇게 똑똑하지 않아 . 규칙을 어겨선 안 돼 . 나는 나이가 너무 많아(혹은 너무 어려) . 내겐 에너지가 부족해 . 나는 너무 바빠 . 가족이 문제야 . 우리 집은 가난해 . '

생각 뒤에 따라 붙는 마침표가 보이는가?

생각은 홀로 다니지 않고 항상 부호와 함께 다닌다. 즉 생각은 생각만으로 이루어진 것이 아니라 '~~○○(생각) + . (부호)'로 이루어져 있다.

'생각 혼자서 삶에 영향을 줄 수 있는 걸까?'에 대한 대답은 바로 생각만으로는 삶에 영향을 줄 수 없다는 것이다.

큰 것은 잘 보이고, 작은 것은 잘 보이지 않는다. 생각 또한 마찬가지다. 뒤에 따라오는 부호(마침표)가 너무 작아서 못 볼 뿐이지 언제나 생각 뒤에는 부호가 자리 잡고 있다. 생각 뒤에 오는 **마침표의 위력 때문에 생각이 생명력을 얻어 삶에서 살아 숨 쉬게 된다.**

생각과 부호에 대한 비유로 볼펜만한 것이 없기에 집에서 있었던 이야기를 해 보겠다.

큰 종이박스가 생기면 재민이^(아들)와 제니^(오빠 따라쟁이인 딸)는 박스를 접어달라고 한 후에 볼펜을 달라고 한다. 접힌 박스 위에 앉아서 볼펜으로 '낙서하기놀이'와 '구멍뚫기놀이'를 하기 위해서이다. 구멍뚫기놀이는 실컷 낙서를 하고 나서 볼펜으로 박스를 쿡쿡 찍는 놀이다. 볼펜 끝이 뾰족해서 그렇게 쿡쿡 찍으면 박스에 작은 구멍들이 생기는데, 박스에 구멍 뚫는 놀이를 아이들은 아주 재미있어 한다.

어느 날 택배가 도착했는데 큰 박스가 왔다. 어김없이 재민, 제니는 볼펜을 달라고 했다. 접힌 박스 위에 앉아 볼펜 끝으로 박스를 쿡쿡 찍으며 구멍뚫기놀이를 하던 재민이가 다시 낙서를 하기 시작했다. 그런데 잘 써졌던 볼펜이 갑자기 써지지 않는지 아빠를 찾았다.

"아빠, 아빠, 이거 안 써져요. 아까는 잘 써졌는데…"

볼펜을 살펴보니 볼펜 끝에 있는 볼이 나갔다. 그래서 설명을 해 줬다.

"볼펜 끝 부분에 동그란 공 모양의 볼이 있어요. 이게 있어야 볼펜이 써져요. 그런데 얘가^(볼이) 다치면 쓸 수가 없어요. 재민이가 볼펜으로 쿡쿡 찍으니까 얘가 다쳐서^(볼이 나가서) 안 써지는 거예요."

"얘가 다치면 왜 안 써져요? 나 쓰고 싶어요. 다른 볼펜 주세요."

_(우리 집에는 이런 이유로 볼이 나가 제 구실을 못하는 볼펜이 많다.)

볼펜을 살펴보면 맨 끝에 있는 볼은 잘 보이지 않는다. 또 볼펜을

쓸 때 볼이 있는지 없는지를 살펴보지도 않는다. 당연히 볼이 있다고 믿고 있고, 아무런 의심 없이 볼펜을 쓴다. 볼이 있으면 볼펜은 잘 써지지만 볼이 없으면 쓸 수 없다. 즉 볼펜의 영향력은 볼에 달려 있다. 볼이 나가면 좋은 볼펜이든, 새 볼펜이든, 쓰던 볼펜이든, 남은 잉크 양이 얼마든 상관없이 볼펜은 제 기능을 발휘하지 못하게 된다.

이런 면에서 생각도 볼펜과 비슷하다. 앞에서 살펴본 것처럼 크게 뭉뚱그려 말하는 생각 속에는 생각과 부호가 같이 녹아 있다. 긍정적인 생각이든 부정적인 **생각이든 생각이 힘을 얻어 영향력을 발휘하는 것은 생각 뒤에 오는 마침표 때문이다. 생각 뒤에 찍은 마침표가 생각에 힘을 실어준다.**

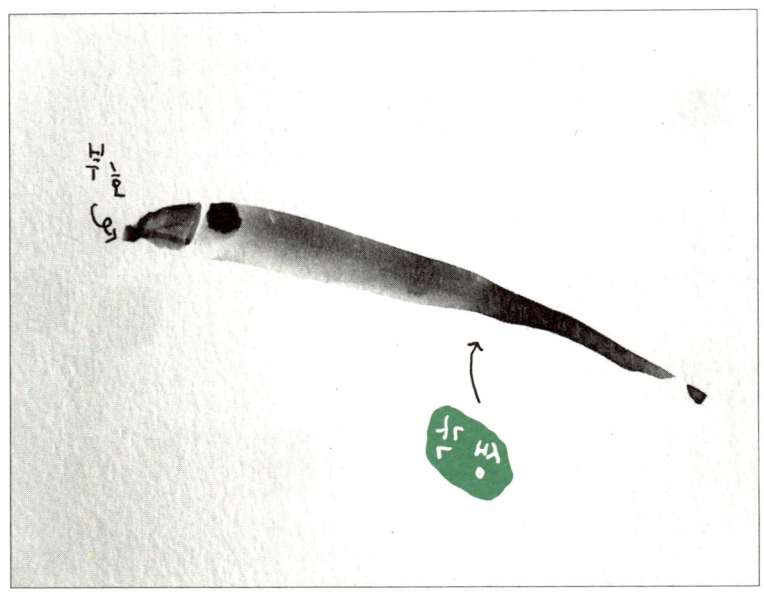

예를 들어 '귀찮아.'라고 했을 때, 귀찮다는 생각만 있다고 받아들이면 본질을 놓치게 된다. 자세히 살펴보면 '귀찮아'라는 생각 뒤에 잘 알아차리지 못했던 ' . '(마침표)가 있다. 보통 마침표를 자신도 모르게 찍지만 **마침표를 찍는 순간** 귀찮다는 생각은 생명력을 얻어 삶에서 살아 숨 쉬게 된다. 귀찮아라는 생각이 마침표 때문에 힘을 얻어 확신이 되고 사실이 되어 '삶'이 된다.

지금 내 삶이 이렇게 된 이유는 생각 때문만은 아니다. 생각 뒤에 나도 모르게 찍어 놓은 마침표 때문이다. 혹시 지금 짜증이 나거나 기분이 안 좋다면, 공허하거나 무기력하다면 그것은 그러한 생각에 마침표를 찍어서 그렇다.

2. 자극과 반응

Between stimulus and response, there is a space. In that space lies our freedom and power to choose our response. In our response lies our growth and our happiness.

자극과 반응 사이에는 공간이 있다. 그 공간에는 반응을 선택할 수 있는 자유와 힘이 있다. 그 반응에 (우리의) 성장과 행복이 달려 있다. ─ 빅터 프랭클

자극(stimulus)과 반응(response) 사이에는 공간, 즉 선택할 수 있는 자유와 힘이 있다는 것을 발견한 빅터 프랭클은 유대인 수용소에서 살아

남아 『죽음의 수용소에서』라는 책을 쓴다. 함께하는 사람들이 매일 죽어가는 것을 지켜보는 극한의 공포 속에서 저 문구가 그를 살린 것이다. 『성공하는 사람들의 7가지 습관』을 쓴 스티븐 코비도 '자극과 반응 사이에는 공간이 있다.'라는 문구가 자기 삶에 혁명을 일으킬 정도로 큰 영향을 주었다고 말한다.

30명이 넘는 아이들이 교실에서 떠들면 너무 시끄러워 조용히 하라는 말이 아이들에게 전해지지 않는다. 크게 말하는 것도 힘들고, 그래서 한 번에 해결하는 방법을 찾은 것이 바로 '막대기로 교탁 내리치기'였다. 막대기로 교탁을 내리치면 굉장히 큰 소리가 교실을 휘감는다. 그 순간 교실 분위기는 쫙악 가라앉고 교실에 적막이 흐른다. 효과 면에서 아주 탁월⑦했다. 이후 소란스러워 화가 날 때면 늘 막대기로 교탁을 내리쳤다. 그러던 어느 날!

'아이들은 삶을 보고 배운다.'라는 말과 교탁을 내리치는 행동이 오버랩 되기 시작했다. '화가 났을 때 교탁을 내리치는 행동은 아이들에게 너희들도 이렇게 행동하라고 삶으로 보여주는 것이다.'

'너희들도 화가 나면 이렇게 해. 교탁을 내리 쳐. 힘으로 눌러. 그런 폭력적인 행동을 해.'라고 아이들에게 삶으로 가르치고 있다는 것을 알아차렸을 때의 충격이란!

'자극과 반응 사이에는 공간이 있다 ? ' 나에게 공간은 없었다. 자극(맘에 들지 않는 행동 등)이 들어오면 화내기, 소리 지르기, 교탁 내려치기와 같은 자동반응을 했다. 자극과 반응만 있었지 그 사이에 어떤 공간이나 틈새도 없었던 것이다. '내가 아이들에게 폭력을 몸소 가르치고 있구나!'라는 사실을 알게 된 충격이 나에게 말해주기 시작했다.

'자극과 반응 사이에 아무 것도 없는 줄 알았니? 그 사이에 공간이 있고 틈새가 있어. 자극이 들어왔을 때 어떻게 반응할지 선택할 수 있는 자유와 힘이 너에게 있다구. 삶의 주도권이 너에게 있는 거야. 깜빡했구나? 지금까지 모르고 살았구나? 화가 나면 꼭 소리를 질러야 한다고 생각하니? 소리를 안 지를 수도 있지 않을까? 상대방이 아이들이 아니고 어른들이라도 그렇게 했겠니? 다른 방법들이 많단다. 너에게도 좋고 아이들에게도 좋은 방법이 있어. 다르게 반응할 수 있어. 틈새가 있다는 걸 알아차리렴. 자극과 반응 사이의 공간에서 진정 네가 원하는 것을 골라서 선택해. 그러면 네 삶의 주도권을 다른 것들이 가져가지 못할 테니까.'

'자극과 반응 사이에는 공간이 있다.'라는 문구를 이전에도 알고 있었지만 머리로만 알았다. 삶에 전혀 적용하지 못한 채 살고 있었다.

자극이 들어오면 자동으로 반응했고, 자극과 반응이 전부일 뿐 그 사이에 어떤 공간도 없었고, 그래서 삶의 주도권을 다른 것들에게 빼앗긴 채 살았다. 머릿속에 온통 마침표를 찍으며 살고 있었던 것이다.

'아이들의 소란함이 기준치를 넘었다고 여기면 화를 낸다 . 화가 났을 때는 교탁을 내리친다 . 언성을 높인다 .'라는 공식을 가지고 있었다.

교탁 충격 사건을 경험하고 나서야 자극과 반응 사이에 있는 공간(틈새)을 만나가기 시작했다.

'아이들의 소란함이 기준치를 넘었다고 여기면 화를 낸다 ? 화가 나면 교탁을 내리친다 ? 언성을 높인다 ?'

'소란하면 왜 화를 낼까? 꼭 화를 내야 할까? 화가 나면 언성을 높여 소리를 질러야 할까? 다르게 반응할 수는 없을까? 내가 진정 원하는 방법은 뭘까? 화가 나더라도 부드럽고 따뜻하게 내 마음을 표현할 수 있지 않을까? 어떻게 마음을 전해야 아이들이 잘 받아들일까? 지금까지처럼 딱딱하고 차갑게 반응하면 과연 잘 받아들일까?'

이렇게 마침표 자리에 물음표가 꽂히기 시작하면서 자극과 반응 사이에 공간이 조금씩 생기기 시작했고, 그 공간을 조금씩 넓혀갈 수 있었다.

'자극과 반응 사이에는 공간이 있다.'는 말은 자극(주변 환경, 사람들의 말이나 행동 등)에 어떻게 반응할지 선택할 수 있는 자유, 공간, 틈새가 있다는 것이다. 그런 공간이 있어야 삶의 주도권을 내가 갖게 된다. 하지만 그런 공간이 없으면 습관적으로 자동반응을 하게 되어 삶의 주도권을 다른 것들에게 빼앗긴 채 살게 된다.

머리에 마침표가 찍혀 있으면 자동으로 반응하게 되기 때문에 공간이 생기지 않는다.

반면 '이런 자극이 들어왔는데 어떻게 반응할까? 꼭 이렇게 해야 할까? 다른 방법은 없을까? 내가 진정으로 원하는 것은 무엇일까?' 와 같이 물음표를 꽂으면, 그 순간 틈새가 생기고 공간이 생긴다.

우린 매 순간순간 자극에 반응하며 산다. 자극이 들어왔을 때 어떤 반응을 보이느냐에 따라 삶은 달라진다. 자극이 들어오면 어떤 반응을 할지 선택할 수 있는 힘과 자유가 있지만, 그것은 어디까지나 자극과 반응 사이에 공간(틈새)이 있을 때의 이야기이다. 자극과 반응 사이에 공간이 없으면 자동반응을 하게 된다. 즉 자극과 반응 사이에 공간과 틈새가 있을 수도 있고 없을 수도 있다.

자극과 반응 사이의 공간과 틈새를 뇌과학적인 차원에서 살펴보면 이렇게 나타낼 수 있다.

'전두엽이 켜졌느냐 꺼졌느냐에 따라 자극과 반응 사이에 틈새가 생기기도 하고 사라지기도 한다.'

전두엽이 꺼졌을 때 (OFF)

전두엽이 꺼져 있으면 자극과 반응 사이에 선택할 수 있는 공간(틈새)이 없다. 이 경우 자극이 들어오면 뇌에서는 고정된 프로그램과 같은 '굳은 신경망'대로 자동반응을 하게 된다. 어떤 것을 선택할 자유의지도 없고 선택권도 없다. 다른 뇌들이 알아서 익숙하고 일상적이며 반복적인 것을 선택한다. 전두엽에게 어떤 자극도, 할 일도 주어지지 않기 때문에 전두엽은 꺼져 있다.

자동반응하며 무의식적인 선택을 하기 때문에 내가 선택할 수 있는 자유와 힘이 사라진다. 그래서 외부 자극과 같은 '나 아닌 것들'이 나를 조종한다. 나는 자신이 누구인지, 인생의 목표가 무엇인지, 꿈이 무엇인지를 잃어버리게 된다. 즉 전두엽이 꺼져 있으면 '나 아닌 것'에게 선택권을 빼앗기게 된다. 사람만의 특성이 나오는 전두엽이 꺼지기 때문에 사람다움을 잃게 되고, 나를 나답게 만들어주는 '나다움'이 시들어가 꿈을 찾을 수 없고 결국 삶에 빛이 들어오지 않는다.

전두엽이 켜졌을 때 (ON)

전두엽이 켜졌을 때는 자극과 반응 사이에 공간이 생긴다. 이 경우 자극이 들어왔을 때 '내가 이 자극에 대해 어떻게 반응할까? 어떻게 반응하는 것이 나에게 좋고 내가 더 성장하는 것이며 내가 더 뿌듯해 할 수 있을까? 내가 정말 원하는 반응은 뭘까?' 알아차린다. 달리 말해 새로운 신경회로를 만들 수 있다.

전두엽이 켜질 때 자유의지가 깨어나고 그때 비로소 선택권을 내가 갖게 된다. 그래서 외부 자극과 같은 '나 아닌 것들'이 내 삶을 경영하는 게 아니라 '내'가 내 삶을 경영한다. 삶의 주도권을 내가 갖고 있다. 또한 내가 누구인지, 뭘 하고 싶은지, 이것이 정말 내가 원하는 것인지 원하지 않는 것인지, 인생의 목표가 무엇인지, 꿈이 무엇인지를 찾을 수 있게 된다. 사람만의 특성이 나오는 전두엽이 켜지기 때문에, '사람다움'과 '나다움'을 꽃 피우며 살게 되고 꿈을 찾아 살며 결국 삶에 빛이 들어온다.

자극과 반응 사이의 공간(틈새, 자유)은 저절로 생기지 않는다. 의식 적으로 노력해야 생긴다. 그 방법은 바로 '물음표 꽂기'이다. 마침표 찍기가 아닌 물음표 꽂기이다.

자극과 반응을 표로 나타내면 다음과 같다.

자극 (주변 환경, 사람들의 말과 행동 등)	반응

자극과 반응 사이에 공간(틈새)이 없음.
선택을 못하고 자동 반응을 하게 됨. 삶의 주도권이 '나'에게 있지 않고, 다른 것들에게 있음.

〈마침표를 찍었을 때, 전두엽이 꺼졌을 때〉

자극	공간(틈새)	반응

자극과 반응 사이에 공간(틈새)이 있음.
다양한 반응을 선택할 수 있는 자유와 힘을 가지고 있어 삶의 주도권이 '나'에게 있음.

〈물음표를 꽂았을 때, 전두엽이 켜졌을 때〉

생각과 '생각하기'

생각과 '생각하기'

Chapter 04

데카르트는 '나는 생각한다. 고로 존재한다.'라는 말로 철학사에 한 획을 그었다. 파스칼은 『팡세』에서 '사람은 생각으로 우주를 감쌀 수 있다.'라고 했고, 볼테르는 '생각하는 것과 사랑하는 것이야말로 영혼의 진정한 삶이다.'라고 했다. 또 공자는 '배우기만 하고 생각하지 않으면 얻는 것이 없다'(學而不思則罔, 학이불사즉망)라고 했다. 이처럼 시대를 이끌어갔던 위인들은 모두 생각의 대가였다. '생각하기'의 실체를 알고 있는 사람들이었다.

사람을 생각하는 존재라고 한다. 나는 생각을 하고 사나? 생각한다는 것은 무엇이지? 사람이라면 누구나 생각하는 걸까? 생각을 안 하는 방법도 있을까? 더 깊게 생각하려면 어떻게 해야 하지?

'나는 과연 생각을 하고 사나?'라고 스스로에게 물으면 생각을 하지 않고 살 때가 많은 것 같은 느낌이 든다. 그럼에도 항상 생각을 하는 것 같기도 하다. 과연 생각하는 것은 무엇이고, 생각을 '안' 한다는 것은 무엇일까? 생각하기의 실체를 밝히기 위해 생각을 '하는' 방법과 생각을 '안' 하는 방법이 무엇인지를 먼저 알아보자.

1. 생각 '하기'와 생각 '안' 하기

다음 질문에 대해 생각해 보고, 스스로 대답을 해 보자.

> 생각을 '하는' 방법은 무엇이고,
> 생각을 '안' 하는 방법은 무엇일까?
> 생각을 '하는' 것과 '안' 하는 것의 차이점은 무엇일까?

어떤 대답을 했는지 사람마다 제각각일 것이다. 하지만 공통점은 찾을 수 있다. 질문에 대해 생각해 보는 동안 뇌 속에서 일어난 일이 같다. 질문에 답하기 위해 생각을 했기 때문에 대답을 할 수 있었다. 생각을 '안' 했다면 대답할 수 없었을 것이다.

즉 뇌 속에서 일어난 일은 생각을 '했다'는 것이다. 그렇다면 생각을 왜 했을까?

생각을 '한' 이유는 '생각하는 방법은 뭐고 생각을 안 하는 방법은 무엇일까?'라는 질문을 만났기 때문이다. 질문을 만나면 생각이라는 것을 하게 된다. 하지만 질문을 안 만나면 생각을 안 하게 된다. 질문이 무엇이기에 그걸 만나면 생각을 하게 되고, 안 만나면 생각을 안

하게 되는 걸까? 질문이란 무엇일까?

질문이 무엇인지 알기 위해 질문의 생김새를 한 번 살펴보자. 모든 질문은 같은 생김새를 가지고 있다. 공통점을 찾아보기 위해 다양한 질문 10개를 예로 들어보자.

질문의 답이 아니라 질문이 갖는 공통점을 찾으면 된다.

1. 스스로 의식하지 못하는 행복이 가능한가?

2. 꿈은 필요한가?

3. 과거에서 벗어날 수 있다면 우리는 자유로운 존재가 될 수 있을까?

4. 지금의 나는 내 과거의 총합인가?

5. 우리는 자기 자신에게 거짓말을 할 수 있나?

6. 우리가 하는 말에는 자신이 의식하고 있는 것만이 담기는가?

7. 감각을 믿을 수 있는가?

8. 어디에서 정신의 자유를 알아차릴 수 있나?

9. 자유는 주어지는 것인가 아니면 싸워서 획득 하는 것인가?

10. 의무를 다하지 않고도 권리를 행사할 수 있는가?

– 프랑스 고등학교 졸업자격 시험문제에서

10개의 질문을 살펴보고 공통점을 찾았는가? 질문의 공통점은 끝이 똑같다는 것이다. 모든 질문의 끝에는 ? 가 자리잡고 있다. 물음표가 꽂혀 있다.

질문을 만났다는 것은 뇌에 물음표를 꽂았다는 말이다. 하지만 질문을 안 만났다는 것은 뇌에 물음표를 안 꽂았다는 말이다. 즉 뇌에 마침표를 찍었다는 말이다.

생각해라! 생각해라! 한다고 생각이 저절로 되지는 않는다. 뇌에 마침표를 찍으면 생각을 안 하게 되어 있다. 물음표를 꽂지 않으면 자동으로 마침표가 찍히기 때문에 생각을 안 하게 된다.

내가 생각을 하고 있느냐 안 하고 있느냐를 가르는 기준은 지금 뇌에 물음표를 꽂았느냐, 꽂지 않았느냐이다. 생각 뒤에 오는 부호가 물음표인지 마침표인지가 생각을 '하고' 있는 상태인지, 생각을 '안' 하고 있는 상태인지를 알려준다.

생각을 하는 방법도 있고, 생각을 '안' 하는 방법도 있다.

생각을 '안' 하는 방법은 뇌(전두엽)에 마침표를 찍는 것이다.

마침표는 '찍어야지!'라고 결심하거나 다짐할 필요가 없다. 무의식적으로 자동으로 찍히는 게 마침표이기 때문에 노력할 필요가 없고, 무언 가를 알아차릴 필요도 없다. 이처럼 생각을 안 하고 사는 것은 아주 쉽다.

반면 생각하는 방법은 뇌(전두엽)에 물음표를 꽂는 것이다.

물음표는 '물음표를 꽂아야지!'라는 각오와 결심을 해야 한다. 왜냐하면 마침표는 무의식적으로 자동으로 찍히지만 물음표는 의식적으로 직접 꽂아야 하기 때문이다. 깨어 있지 않고 알아차리지 못하면 내가 갖고 있는 생각들에 자동으로 마침표가 찍힌다. 그러니 깨어 있고 알아차려야 한다. 그래야만 물음표를 꽂을 수 있다.

'난 지금 어떤 생각에 마침표를 찍었지? 어떤 생각에 물음표를 꽂은 걸까?' 순간순간의 알아차림에 달려 있다. 노력하고 알아차려야만 생각을 '하고' 살 수 있다. 그렇기 때문에 생각을 하고 사는 것은 쉽지 않다.

뇌는 무언가를 끊임없이 받아들이는데, 식상하거나 진부하다고 판단되면 별 자극 없이 그냥 받아들인다. 그냥 받아들인다는 것은 습관적으로 마침표를 찍는다는 것이다. 마침표를 찍으면 뇌는 깨어나지 못하고 계속 잠을 잔다. 그러니 '생각해라'라는 진부한 표현 대신 새로운 표현이 필요하다.

생각해라라는 말이 식상하기 때문에 나는 생각해라, 질문해라, 사색해라라는 표현을 이렇게 바꾸고 싶다.

생각해라. → 뇌에 마침표를 찍지 말고 '물음표'를 꽂아라! 꺼져 있는 전두엽을 켜라!

질문해라. → 생각 뒤에 찍은 마침표를 물음표로 바꿔라!

사색해라. → 꼬리에 꼬리를 물고 계속해서 물음표를 꽂아라!

'생각하고 있니?'라고 묻지 말고 '지금 뇌에 마침표를 찍었니?' '물음표를 꽂았니?' '전두엽을 켜놓고 있니? 꺼 놓고 있니?'라고 물어보자. 사색하라고 하지 말고 '미친 듯이 물음표를 꽂아라.'라고 하자.

2. 생각 갖기와 생각하기의 차이

'사람은 항상 생각하는 거 아닌가요? 생각하기 싫어도 생각이 떠오르잖아요. 알아차리지 못할 뿐이지 생각을 안 할 때가 없잖아요.'

항상 생각을 한다? 그렇지 않다. 그럴 수가 없다. 생각하는 것은 앞에서 살펴본 것처럼 뇌에 물음표를 꽂았을 때만 할 수 있다. 전두엽이 켜졌을 때만 생각을 할 수 있다.

생각하는 것과 혼동하는 것이 바로 '생각을 갖고 있는 것'이다. 혼동하는 이유는 지금까지 '생각하기'에 대해 별 다른 구분을 하지 않고 같은 용어를 사용했기 때문이다.

생각은 '생각을 갖고 있는 것'과 '생각을 하는 것'으로 나눌 수 있다. 둘 다 생각이라는 말이 들어 있지만 서로 차원이 다르다. 가장 큰 차이는 생각 뒤에 오는 부호이다. 생각 뒤에 마침표를 찍느냐, 물음표를 꽂느냐에 따라 생각을 갖기도 하고 하기도 한다. 또한 전두엽이 꺼졌느냐 켜졌느냐에 따라 생각을 '갖기'도 하고 '하기'도 한다.

생각을 갖고 있는 것은 생각 뒤에 마침표를 찍은 것이다. 전두엽이 꺼진 상태이다. 마침표는 내 의지와 상관없이 무의식적으로, 자동으로 찍힌다. 그래서 우린 순간순간 생각을 갖고 산다. 생각을 갖고 살 때는 마침표의 위력이 발생하기 때문에 생각 속에 살게 된다. 또한 뇌에 새로운 자극을 주지 못하는 마침표만 들어오기 때문에 뇌는 계속 잠을 자고 있다. 다른 뇌는 켜져 있지만 전두엽만 꺼져 있는 것이다.

반면 생각하는 것은 생각 뒤에 물음표를 꽂은 것이다. 전두엽이 커진 상태이다. 물음표는 의식해야 꽂을 수 있지 절대 자동으로 꽂히지 않는다. 그렇기 때문에 우린 순간순간 생각을 '하고' 살지는 않는다. 뇌에 물음표를 꽂았을 때만 생각을 하고 산다. 생각을 하고 살 때는, 즉 물음표를 꽂았을 때는 물음표의 위력이 발생하기 때문에 생각에 대해 새로운 관점을 갖게 되고 생각 안에 갇히지 않아 생각의 틀 밖으로 나갈 수 있다. 또한 전두엽이 켜져 뇌가 깨어 있다.

간단히 정리하면 다음과 같다.

생각 '갖기' = 생각 뒤에 마침표를 찍었을 때로 전두엽이 꺼져 있다(OFF). 무의식적으로 작동하기 때문에 우리는 늘 생각을 갖고 산다.

생각 '하기' = 생각 뒤에 물음표를 꽂았을 때로 전두엽이 켜져 있다(ON). 의식해야 작동하기 때문에 물음표를 꽂았을 때만 우리는 생각을 하고 산다.

그렇다고 생각을 갖고 있는 것은 안 좋고, 생각을 하는 것이 좋다는 것은 아니다. 생각 갖기는 마침표와 연결되어 있고, 생각하기는 물음표와 연결되어 있다는 전반적인 특성을 이야기한 것이다. 그것이 좋은지 안 좋은지를 판단하려면 어떤 생각에 마침표를 찍었는지, 앞에 있는 생각을 살펴봐야 한다. 예를 들어 마침표 앞에 있는 생각이 부정적인 것이라면 안 좋은 것이고, 긍정적인 것이라면 좋은 것이라고 볼 수 있다.

내가 주인이 될 수도 있고, **생각**이 **주인**이 될 수도 있다

세상을 사실이라는 바다에 '생각이라는 파도'가 치는 곳이라고 비유한다. 바다에 파도가 끊임없이 치듯이, 생각도 쉬지 않고 일어난다는 것이다. 바다(사실)는 고요한데 파도(생각)는 고요하지 못하다는 것이다. 바다(사실)는 아무 말도 없는데 파도(생각)는 시끄럽다. 바다(사실)는 본질이고 파도(생각)는 현상이라는 것이다.

신문만 살짝 봐도 이 비유가 얼마나 절묘한지 잘 알 수 있다. 일기예보와 달리 갑작스럽게 큰 비가 내릴 때가 있다. 이 경우 '사실'은 비가 온 것이다. 사실(비가 온 짓)은 아무 말도 하지 않는다. 고요한 침묵의 세계이고 자연이다. 그런데 그에 대한 생각은 굉장히 시끄럽다.

'갑자기 왜 비가 많이 왔느니, 일기예보가 왜 틀렸느니, 옷이 젖어서 불편했다느니, 비가 와서 짜증이 났다느니, 가뭄에 비가 와서 농사에 도움이 됐다느니, 날씨가 왜 이러느니…'

바다에 떠 있으려면 생각이라는 파도에 휘둘리지 않아야 한다. 생각 속에 갇히지 않아야 생각을 관찰할 수 있다. 그런데 생각에 마침표를 찍어버리면, 찍는 순간 무거운 추를 매단 것처럼 바다에 빠지게 된다.

이 비유를 생각 갖기, 생각하기와 연결지을 수 있다.

'생각 갖고 있기'는 생각이 주인이다. 가지고 있는 생각에 마침표를 찍었기 때문에 나는 생각 속에 갇혀 살게 되고 생각의 바다에 빠져 허우적거리며 살게 된다. 그래서 생각이 삶의 주인이 되고, 나는 생각의 종이 되어 살게 된다.

반면 **'생각하기'는 내가 주인이다.** 가지고 있는 생각에 물음표를 꽂았기 때문에 나는 그 생각 외에도 여러 생각을 살펴보며 가장 마음에 드는 생각을 고를 수 있다. 생각을 관찰할 수 있기 때문에 나는 삶의 주체가 되어 생각의 바다에 빠지지 않고 바다에 떠 있다. 그래서 내가 주인이 되고 생각은 종이 된다.

생각하기 싫다 = 만나야 할 것을 피하는 것

뭔가 복잡한 일을 만나거나 기분이 안 좋거나 하면 '에이~ 복잡해. 머리 아파. 생각 안 할래. 생각하기 싫어.'라는 반응을 보일 때가 많다. 생각하기 싫다는 말 속에는 '난 전두엽 꺼 놓고 있을래. 켜기 싫어. 뇌에 물음표를 꽂기 싫어.'라는 의미가 녹아 있다.

물음표를 꽂지 않는다는 것은 만나야 할 그 무언가를 안 만난다는 것이다. 일부러 피하는 것이다. 귀찮다고(혹은 싫다고, 피하고 싶다고) 마침표를 찍으면 만나야 할 그 무엇을 안 만날 수 있다. 회피할 수 있다. 하지만 그렇게 피해서 안 만나면 결국 다시 만나게 된다.

생각을 안 한다는 것은 '나 생각 안 해 . '라고 마침표를 딱 찍는 것이다. 그렇게 찍으면 정말 생각을 안 하게 된다. 거기서 끝난다. 그렇게 마침표를 찍어서 끝내 버리면 성장도 없고 발전도 없다. 성장과 발전은 물음표를 꽂는 것에서 시작한다.

Q 난 생각 없이 그냥 무언가를 할 때가 많은데

A '아무 생각 없이 하고 있어. 그냥 하고 있어.'라고 할 때 사실 아무 생각 없이 그러는 게 아니다.

'아무 생각 안 한다.'는 건 무의식적으로 마침표가 찍힌 상태로 '아무 생각 없이'가 아니라 평상시 생각(혹은 내가 못 알아차리는 생각)을 무의식적으로 갖고 있는 것이다. 그런데 이런 무의식은 대개 부정적이거나, 부정적이지는 않더라도 긍정이 아닌 수준일 때가 많다. 그 수준에 내 생각이 접속되어 있으면 즐거움과 재미보다는 짜증과 불평이 많다. 또한 이 경우는 전두엽이 꺼져 있는 상태이다.

그러니 '난 지금 무엇을 하고 있지? 지금 하는 일을 어떻게 하고 있지? 이 일을 어떻게 해야 뿌듯함을 느낄 수 있지?'와 같이 전두엽을 켜 주는 물음표를 꽂아야 한다.

question mark
revolution

삶을 결정짓는
마침표와 물음표

Chapter 05 | 삶을 결정짓는 마침표와 물음표

'생각의 실체!'에서 살펴 본 것처럼 생각은 언제나 부호와 같이 다닌다. 어떤 부호가 오느냐에 따라 생각이 가진 힘이 달라진다. 여기서는 마침표와 물음표가 갖는 위력을 살펴보자.

두 부호가 본래 문장 부호이기 때문에 마침표와 물음표가 문장에서 어떻게 쓰이며 어떤 영향력을 가지고 있는지를 먼저 살펴본 후에 '삶'으로 확장해 가기로 하자.

1. 마침표와 물음표의 위력

문장에서의 **쓰임새**와 **영향력**

마침표와 물음표는 문장이 끝났을 때 맨 뒤에 찍는 부호로 각각의 쓰임새는 다음과 같다.

마침표는 생각에 동의할 때, 궁금한 것이 없을 때, 생각을 당연한 것이라 여길 때 찍는다. 마침표라는 이름 그대로 마쳤다, 이걸로 끝이다, 그 생각에 대해 더 이상 의심의 여지가 없다는 의미가 녹아 있다. 그렇기 때문에 마침표를 찍는 순간, 뇌는 '더 이상 생각할 필요가 없어.'라고 받아들여 전두엽이 꺼지게 된다.

반면 물음표는 그 생각에 동의할 수 없을 때, 궁금한 것이 있을 때, 당연하게 여기지 않을 때 꽂는다. 물음표라는 이름 그대로 물음이 시작되는 것을 의미한다. 끝이 아니라 '이게 뭘까?'와 같이 계속되는 느낌이다. 그렇기 때문에 물음표를 꽂는 순간, 뇌는 '생각해야겠는걸?'이라고 받아들이고 꺼져 있던 전두엽이 켜지게 된다.

같은 문장에서 마침표와 물음표가 어떻게 다른 영향력을 미치는지 예를 들어 살펴보자.

눈 내린 배경으로 눈사람을 찍은 사진이 있다.

'이건 눈사람이야'라는 생각 뒤에 마침표를 찍으면 **"이건 눈사람이야 . "** 가 된다.

이렇게 마침표를 찍으면 뇌는 '그래, 이건 눈사람이야. 당연하지. 더 이상 생각할 필요가 없는 사실이야.'라고 받아들인다. 마쳤으니 끝난 것이고 더 이상 움직이지 않는다. 즉 마침표는 움직임이 아닌 정지이고 시작이 아닌 끝이다.

그런데 마침표 자리에 물음표를 꽂아보자. 그러면

"이건 눈사람이야 ? " 가 된다.

'이건 눈사람이야 . '와 '이게 눈사람이야 ? '를 느낌을 살려 한

번 읽어보자.

마침표를 찍은 '이건 눈사람이야 . '를 읽을 때는 '도' 수준으로 낮게 끝나지만, 물음표를 꽂은 '이건(이제) 눈사람이야 ? '를 읽을 때는 '솔' 톤 이상으로 높게 끝난다. 읽을 때 높낮이부터 다르다.

물음표가 꽂히면 '어?'가 생긴다. 생각(눈사람이야)에 물음표를 꽂는 순간 '눈사람이야.'라고 받아들였던 당연함이 사라지고 '어? 이게 눈사람이야? 눈사람 아닌 것 같은데… 왜 이게 눈사람이야? 이런 걸 눈사람이라고 하나?'와 같이 기존 생각에 대해 다르게 바라보기 시작한다.

마침표가 끝의 의미라면 물음표는 시작의 의미이다. 물음표를 꽂으면 '어?'에서 시작하기 때문에 새로운 생각을 만날 수 있게 된다. 물음표는 새로운 탐구이고 출발이며 꿈틀거림이다.

이처럼 생각 뒤에 어떤 부호를 찍었느냐에 따라 생각에(혹은 생각이) 미치는 영향력은 확연히 달라진다. 마침표는 생각을 100% 받아들이게 한다. 생각을 건드릴 수도 바꿀 수도 없도록 한다. 새로운 생각을 못하게 만든다. 주도권을 생각이 갖게 된다.

하지만 물음표를 꽂으면 '어? 아닌 것 같은데?'로 시작한다. 물음표는 생각을 100% 받아들이게 만들지 않는다. 주도권을 생각에게 빼앗기지 않고 내가 갖게 되기 때문에 생각을 새로운 차원에서 바라볼 수 있게 된다. 그래서 생각을 새롭게 바꿀 수 있는 능력이 생긴다. 또 그렇게 하고 싶어진다. 그러니 끝이 아닌 새로운 시작이고 출발이다.

생김새로 살펴본 의미와 위력

마침표와 물음표의 생김새로도 의미와 영향력을 추측할 수 있다. 두 부호의 생김새를 살펴보자.

마침표는 이렇게 생겼다. .

아직 싹 트지 않은 씨앗처럼 생겼다. 씨앗처럼 생긴 마침표.

씨앗은 싹을 틔우기 위해서, 더 크게 자라기 위해서 존재한다. 싹을 틔우고 자라 열매를 맺는 것이 씨앗의 사명(해야 할 일이자 하고 싶은 일)이다. 그것이 가능한 이유는 씨앗 안에 있는 잠재력 때문이다. 만약 씨앗이 씨앗 상태로만 머문다면 어떠한 성장도 발전도 없다. 씨앗은 싹

트길 기다리고 있고 자라길 기다리고 있고 열매 맺길 기다리고 있다. 무언가를 이루기 위해 기다리고 있는 단계라고 해야 할까?

첫 출발은 싹이 트는 것이다. 싹이 트려면 단단한 씨앗에 틈이 생겨야 한다.

다른 측면에서 보면 마침표는 깨지지 않는 단단한 알처럼 생겼다. 단단한 생김새처럼 마침표는 자기 앞에 오는 생각을 건드리지 못하도록, 단단한 알 속에 넣어 놓는다. 그렇게 만들어 놓은 알(틀) 속에서 생각은 믿음이 되고 사실이 된다. 이처럼 무엇으로도 깰 수 없는 철옹성과 같은 단단함을 만드는 것이 바로 마침표의 위력이다.

물음표는 이렇게 생겼다. ?

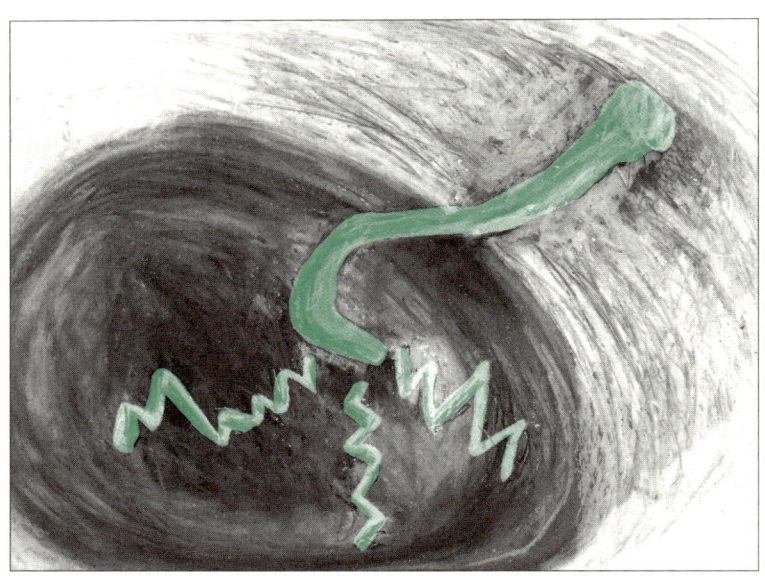

마침표와 공통점이 있으면서도 다르다는 것을 알 수 있다. 아랫부분은 마침표처럼 씨앗 모습(　.　)을 가지고 있다. 그런데 씨앗 위로 구부러진 무언가가 있다. 마치 씨앗에 싹이 나서 자라고 있는 듯한 생김새라고 해야 할까? 싹트지 못한 씨앗이 마침표라면, 그 씨앗이 싹을 틔워 자란 것이 물음표이다.

또 물음표는 아주 날카롭게 생겼다. 낚싯바늘처럼 날카로운 갈고리 모양이다. 이 날카로움이 하는 일이 바로 마침표로 만들어진 단단한 알(세계)에 흠집(금. 틈)을 내는 것이다. 마침표 대신 물음표를 꽂는 순간 '어?'가 생기면서 금이 가고 틈이 생긴다. 생각에 대해 새로운 관점을 갖게 하여 생각에게(혹은 마침표에게) 빼앗겼던 주도권을 찾아오게 한다. 이것이 바로 물음표의 위력이다.

2. 삶을 결정짓는 마침표와 물음표

이제 마침표와 물음표가 실제 삶에 어떤 영향을 미치는지 한번 알아보자.

무엇인가를 하려고 하면 이런 반응을 보이는 사람들이 있다.

'난 못 해. 난 그거 못 해.'

"난 못 해 . "

마지막에 마침표가 찍혀 있다. 이렇게 마침표를 찍으면 생각에 힘이 실린다. 마침표를 찍는 순간 '난 못 해'라는 틀이 좌~악 만들어지면서 '난 못 해'라는 세계 속에 갇히게 된다. 이래서 못하고 저래서 못하고 시간이 없어 못하고 돈이 없어 못하고 안 해봐서 못하고 할 줄 몰라서 못하고… 모든 상황이 못하는 상황이 된다. 못하는 세상이 내가 사는 세상이 되고 내 삶이 된다.

'난 못하는 사람이야 . 난 그거 못 해 . '

이렇게 마침표 를 찍어서 만들어진 세상은 깨지지 않는다. 이것이 바로 마침표의 위력이다.

그렇다면 거기서 어떻게 벗어날 수 있을까? 마침표가 만든 세상을 어떻게 깰 수 있을까?

길은 하나뿐이다. 물음표밖에는 길이 없다.

물음표는 낚싯바늘처럼 아주 날카롭게 생겼기 때문에 물음표를 딱 꽂으면 마침표가 만들어놓은 단단한 틀에 금이 가기 시작한다. 하지만 물음표를 안 꽂으면 절대 금이 가지 않는다.

물음표를 꽂으면

'난 못 해 ? 내가 못 해 ? 왜 ? 왜 못하지 ? 못한다는 건 사실일까 ? 왜 난 못한다고 생각할까 ? 진짜 못하는 걸까 ? 왜 못한다는 생각을 진실로 받아들일까 ? 못하는 게 내가 진정 원하는 것일까 ? 내가 진정 원하는 것은 무엇일까 ? …' 이렇게 이어지게 된다. 물음표를 꽂는 것이 첫 출발점이다.

물음표를 꽂으면 마침표로 만들어져 꿈쩍도 않던 틀에 금이 가기 시작한다. 이것이 물음표의 위력이다.

마침표와 물음표의 위력을 굉장히 잘 표현한 짧은 영상이 있다.

'물음표를 붙여주세요'라는 공익광고이다. 광고를 보면 마침표와 물음표의 위력이 팍팍 와 닿을 것이다. 물음표를 붙일 때 나는 '띠링~!' 하는 소리도 놓치면 안 된다. 이 소리는 꺼져 있던 전두엽이 켜지는 소리니까.

난 이 광고를 보고서 심장이 멎는 줄 알았다. 내가 만든 광고는 아니지만 이 책의 핵심을 너무나도 잘 나타낸 광고이니 꼭 검색해서 여러 번 보면 좋겠다.

3. 마침표를 찍는 사람 물음표를 찍는 사람

부호(마침표나 물음표)는 다른 사람이 찍어줄 수 없다. 그 누구도 아닌 내가 찍는다. 생각 뒤에 오는 **부호를 누가 찍었느냐에 초점을 맞추어** 살펴보자.

감사를 달고 사는 사람과 짜증을 달고 사는 사람이 같은 직장에서 일한다. 둘이 이야기를 한다고 해 보자.

짜증 사람 : "아~ 짜증나."

감사 사람 : "짜증내지 마. 얼마나 감사한 세상이냐? 따뜻한 집에서 잘 수 있고, 눈 뜨니 볼 수도 있고, 회사까지 태워주는 버스와 전철도 있고…"

'짜증 사람'은 '감사 사람'의 생각(따뜻한 데서 잘 수 있고…정말 감사한 세상이다.)에 마침표를 찍을 수가 없다.

'짜증 사람'은 이렇게 받아들인다.

"감사해 ? "

'감사해'라는 생각 뒤에 마침표를 찍지 않는다. 감사한 생각을 동료에게 들었지만 그 생각에 마침표를 안 찍는다. 아니 못 찍는다.

"감사해 . " 가 아니라 **"감사해 ? "** 로 반응한다. 생각 뒤에 마침표가 아닌 물음표를 꽂는다. 속으로 이렇게 말한다.

'뭐가 감사해? 짜증나 죽겠구만.'

물음표를 꽂으면 생각에 100% '예'를 하지 않기 때문에 새로운 생각이 따라온다. 여기서는 감사해에 마침표가 아닌 물음표를 꽂았기 때문에 '짜증나 죽겠구만'이라는 새로운 생각이 따라왔다. 그리고선 그 생각에 마침표를 찍었다.

"짜증나 죽겠구만 . "

알다시피 이렇게 마침표를 찍으면 생각의 수준을 넘어 짜증나는 세상이 좌~악 만들어진다. 짜증난다는 생각이 나에게는 믿음이 되고 사실이 되어 내 삶이 되어 버린다. 결국 짜증나는 세상에 갇힌 사람이 되는 것이다.

중요한 것은 물음표를 꽂은 것도, 새로운 생각에 마침표를 찍은 것도 나 자신이라는 점이다. 마침표를 찍을지 물음표를 꽂을지 선택권을 내가 가지고 있다. 그럼에도 불구하고 지금까지 선택권을 마침표에게 빼앗긴 채 살아왔다. 어떤 부호를 선택할지 결정할 수 있는데도 불구하고 마침표에게 모든 권한을 줘버린 채 살아와서 내 삶의 주도권을 마침표가 갖게 되었다.

이제 마침표에게 내준 권한을 찾아와야 한다. 그러려면 마침표 자리에 새롭게 물음표를 꽂아야 한다. 물음표를 꽂아야 마침표에게 빼앗겼던 삶의 주도권을 내가 다시 갖게 된다.

Q 같은 생각인데 왜 누구는 마침표를 찍고 누구는 물음표를 꽂을까?

A 생각 뒤에 찍는 마침표와 물음표는 전적으로 내공에 비례한다.
일반적으로 마침표를 찍는 경우는 자신의 수준에 맞는 경우이고, 물음표를 꽂는 경우는 자신의 수준과 맞지 않는 경우이다.

마침표를 찍는 경우, 부정적인 생각(짜증나)에 마침표를 찍으면 내공이 낮은 것이고, 긍정적인 생각(감사해)에 마침표를 찍으면 내공이 높은 것이다. 반대로 물음표를 꽂는 경우, 부정적인 생각(짜증나)에 물음표를 꽂으면 내공이 높은 것이고, 긍정적인 생각(감사해)에 물음표를 꽂으면 내공이 낮은 것이다. 아래 표를 참고하면 된다.

생각 + 부호		어떤 영향?	내공
긍정적인 생각	감사해 .	감사한 세상을 인정! 난 감사 속에서 살래.	높음
	감사해 ?	감사한 세상? 까지 마라. 난 인정 못한다.	낮음
부정적인 생각	짜증나 .	짜증나는 세상을 인정! 난 짜증 속에서 살래.	낮음
	짜증나 ?	짜증난다고? 난 인정 못 해.	높음

양쪽 모두 마침표를 찍기도 했고 물음표를 꽂기도 했다는 점에서는 똑같다. 하지만 양쪽이 찍은 부호 앞에 오는 생각은 정반대이다. 한 쪽은 '감사해'에 마침표를 찍었지만, 다른 쪽은 '짜증나'에 마침표를 찍었다.

생각 뒤에 마침표를 찍을 것인지 물음표를 꽂을 것인지는 선택의 문제이다. 하지만 선택이라는 것이 철저히 내공에 비례한다. 어떤 생각에 마침표를 찍을 것인지, 그래서 어떤 세상 속에서 살 것인지는 그대의 선택에 달려 있지만, 사실은 내공에 달려 있다고 할 수 있다.

Q 무서운 마침표 찍기 습관이란 무엇인지, 그리고 물음표는 언제까지 찍어야 하는지

A 일단 물음표가 꽂히면 뇌는 전두엽을 가동하여 새로운 생각을 찾아 나선다. 일종의 답을 찾는 것이다. 새롭게 찾은 답(생각) 뒤에는 무엇이 오냐면, 자동으로 마침표가 와서 찍힌다. 이것이 바로 무서운 마침표 습관이다.

그러니 거기에서 멈추면 안 된다. 다시 그 자리에 물음표를 꽂아야 한다. '미친 듯이 물음표를 꽂겠다! 끝이 물음표로 끝나게 하겠다! 마침표 자리에 물음표로 바꿔서 꽂겠다!'라는 다짐과 각오가 있어야 한다.

그렇다면 언제까지 물음표를 꽂아야 하는가? 물음표를 만나가다가 물음표가 느낌표로 변하는 순간까지 꽂으면 된다. 미친 듯이 물음표를 꽂는다는 말은 물음표가 느낌표로 바뀔 때까지 꽂는다는 말이다.

물론 물음표를 꽂아 가는 과정이 쉽지는 않다. 힘들 때는 잠시 쉬어가는 센스도 필요하다. 아름다운 자연을 보며, 달달한 아이스크림을 먹으며, 마음 맞는 친구와 수다를 떨며, 쉬어가는 센스!

4. 전두엽을 켜는 물음표 vs 전두엽을 끄는 마침표

마침표와 물음표가 뇌에 미치는 영향은 직감적으로 이렇다는 걸

알 수 있다. '마침표를 찍으면 거기서 끝이고 정지구나. 그래서 생각을 안 하게 되는구나. 뇌가 계속 잠을 자는구나. 하지만 물음표를 꽂으면 끝이 아닌 출발이고 움직이기 시작하는구나. 생각을 하기 시작하는구나. 잠자던 뇌가 깨어나는구나.'

'뇌가 잠자고 있다, 잠자던 뇌가 깨어난다.'라고 할 때의 뇌는 전두엽을 말한다. 전두엽을 제외한 다른 뇌들은 마침표와 물음표의 영향을 거의 받지 않는다. 하지만 전두엽은 다르다. 제1장에서 살펴봤듯이 전두엽은 무의식 상태에서는 꺼져 있다. 즉 의식을 해야만 켜지는 것이다.

전두엽이 켜지는 경우는 의식적으로 주의 집중할 때, 몰입할 때, 추론할 때, 상상할 때, 문제를 해결할 때, 분석할 때, 글을 쓸 때, 책을 읽을 때, 표현할 때, 새로운 과제나 익숙하지 않은 과제를 만났을 때, 뭔가를 처음 해 볼 때 등이다.

전두엽이 켜지는 상황이 이처럼 다양한데, 이 다양함 속에 하나의 공통점이 있으니 그것은 바로 '생각을 하는' 상황이라는 것이다. 꺼져 있던 전두엽이 켜지기 시작하는 때는 생각을 하기 시작했을 때, 즉 물음표를 꽂았을 때이다.

전두엽은 마침표가 찍혀 있을 때는 활성화 되지 않아 꺼져 있고, 물음표를 꽂을 때만 활성화 되어 켜져 있다. 뇌의 어느 부위가 활성화 되는지를 실시간으로 촬영할 수 있는 기술인 fMRI(기능성 자기공명영상)로 이것을 관찰할 수 있다.

물음표를 꽂지 않았을 때는 마침표가 찍혀 있는 경우로, 생각을 안 하고 있는 것이고, 의식하지 않는 경우이다. 이런 경우 다른 뇌는 켜져 있지만 전두엽은 꺼져 있게 된다. 즉 마침표는 전두엽을 켜지지 않게 만든다.

마침표가 있던 자리에 물음표를 꽂으면 그때부터 움직임이 시작된다. 무의식 상태에서 깨어나 의식하게 되면서 꺼져 있던 전두엽이 켜지게 된다.

뇌과학적으로 볼 때 두 부호는 뇌에 영향을 미친다. 마침표는 전두엽을 꺼져 있도록 한다. 하지만 물음표는 꺼져 있던 전두엽을 켜지게 한다.

마침표종과
물음표종

Chapter 06

마침표종과 물음표종

유일하게 생각할 수 있는 존재인 사람은 생각하는 능력을 가지고 있기 때문에 다른 생물과 구별된다. 사람은 생각하기 위해 왔고, 생각하면서 살려고 왔다. 즉 생각하면서 사는 종이 사람이다.

그런데 많은 사람이 생각을 안 하고 산다. 사람다움이 들어 있는 '생각 씨앗'을 버려둔 채 생각하는 능력을 안 쓰고 산다. 사람이 그 능력을 안 쓰게 되면 본래 모습인 사람다움을 잃어버리게 되어 다른 종이 되고 만다.

사람이라고 모두 같은 종이 아니다. 사람은 마침표종과 물음표종으로 나눌 수 있다. 생각하는 능력을 마음껏 발휘하며 사람다움을 간직하고 사는 사람을 물음표종이라 하고, 그 능력을 거의 사용하지 않아서 사람다움을 잃어버린 채 사는 사람을 마침표종이라고 한다. (※ 세 가지 종인 마침표종, 물음표종, 느낌표종으로 나눌 수 있지만 여기서는 느낌표종을 물음표종에 포함시켜 두 종으로 나누었다.)

인류 문명의 발달과 함께 사람다움을 간직한 종(이하 '물음표종')은 줄어드는 반면 사람다움을 잃어버린 새로운 종(이하 '마침표종')은 기하급수적으로 늘어가고 있다.

마침표종은 사람다움을 잃어버린 채 생각하지 않는 존재가 되어버렸으니 퇴보된 종이다. 영화에서 보는 인조인간, 로봇, 사이보그, 좀비, 그런 것들이 바로 마침표종을 비유하고 있다. 그런데 문제는 그것이 비유가 아니라 현실이라는 것이다. 지금 우리는 생각하는 능력을 잃어버린 채 살아가고 있는 마침표종이 생각하는 능력을 마음껏 사용하는 물음표종을 대신하는 위기의 시대를 살고 있다.

1. 마침표종과 물음표종

마침표종과 물음표종 모두 '사람 씨앗'인 생각하는 능력을 가지고 있고, 외모도 같기 때문에 겉보기로는 구분할 수 없다. 하지만 두 종은 다음과 같은 본질적인 특성을 가지고 있어 구별이 된다.

마침표종
사람 씨앗을 가꾸지 않고 사는 사람 머리에도 마침표, 가슴에도 마침표를 찍고 사는 사람 생각하는 능력을 거의 사용하지 않고 사는 사람
→ 이들의 삶을 처음부터 끝까지 꿰뚫고 있는 것은 마침표

물음표종
사람 씨앗을 가꾸며 살아가는 사람 머리에는 물음표, 가슴에는 느낌표를 꽂고 사는 사람 생각하는 능력을 마음껏 발휘하며 사는 사람 → 이들의 삶을 처음부터 끝까지 꿰뚫고 있는 것은 물음표 (느낌표는 물음표를 통해 만나게 되는 열매)

　마침표종은 사람다움이 들어 있는 '생각 씨앗'이 싹을 틔우지 못하고 있는 사람이다. 그래서 이들은 생각을 안 하는 종이다. 무엇에든 마침표를 찍는다. 생각하는 능력을 거의 사용하지 않아서 사람다움을 잃어버린 종이다. 그럼에도 불구하고 사람다움을 잃어버렸다는 사실조차 알아차리지 못하고 있다. 마침표를 찍고 살기 때문에 전두엽이 꺼진 채 살아가는 시간이 대부분이다. 머리에도 가슴에도 온통 마침표를 찍고 산다.

　그래서 삶이 밋밋하고 재미가 없고 불평이나 짜증, 무기력과 같은 부정적인 에너지가 삶을 지배한다. 또한 자신이 만들어 놓은 틀 속에 갇혀 살고 있음에도 그걸 전혀 눈치 채지 못하고 있다. 정신적 성장이 거의 없거나 멈춰 있고 퇴보하기도 한다. 기계문명의 발달과 함께 이들의 수는 기하급수적으로 늘어나고 있으며 사람의 대부분을 차지하고 있다. 이들의 주특기는 '생각 안 하며 살기'이다. 모든 것에 마침표 찍어버리기이다.

　반면 물음표종은 사람다움이 들어 있는 '생각 씨앗'이 싹을 틔워 자라고 있는 사람이다. 그래서 이들은 생각하는 종이다. 무엇에든 물음표를 꽂는다. 생각하는 능력을 일상에서 마음껏 사용하며 사는 종이다. 물음표를 꽂고 살기 때문에 전두엽이 켜져 있을 때가 많다. 머리에는 물음표를 꽂고 살고, 가슴에는 느낌표를 꽂고 살기 때문에 삶이 재미있고 즐겁다. 행복과 감사, 열정, 따뜻함과 같은 긍정적인 에너지가 삶을 지배한다. 또한 자신이 만들어 놓은 틀을 알아차리고 그것을 깨부수는 작업을 한다. 정신적 성장 또한 꾸준히 진행되고 있다. 기계문명의 발달과 함께 이들의 수는 급격히 줄어들고 있으며 멸종위기에 처해 있다. 이들의 주특기는 사색이며 마침표가 찍힌 자리에 물음표로 바꿔 꽂기이다.

마침표종

마침표종의 삶을 꿰뚫고 있는 것은 마침표이다. 이들의 주특기는 모든 것에 마침표 찍기이다. 자기 생각, 느낌, 기분뿐만 아니라 보는 것, 듣는 것 등 모~든 것에 마침표를 찍어버린다.

이들의 하루는 마침표로 꽉 차 있다. 하루의 시작도 마침표이고, 하루의 중간 중간도 마침표이고, 끝도 마침표이다. 하루 일상이 마침표로 꽉 차 있으니, 일주일, 한 달, 1년, 10년, 30년, 40년, 50년도…

마침표종은 이처럼 삶이 마침표로 꽉 차 있다. 그런데 무서운 건 꼼짝 못하도록, 움직이지 못하도록, 고정시켜 버리는 마침표의 위력이다. 하루 일상만 살펴보자.

아침에 일어나면서 '아~ 일하러 가야 된다. 짜증나 . '

짜증난다는 생각에 마침표를 찍었기 때문에 아침부터 짜증이 날 수밖에 없다. 버스를 타러 가는 동안 눈으로 보는 것에 마침표를 찍고, 귀에 들리는 것에도 마침표를 찍는다. 자기 느낌이나 기분에도 마침표를 찍는다. 생각('짜증나. 바빠')에 마침표를 찍고서 버스 타는 데까지 바쁘게 간다. 그러니 그 시간 동안 이 사람의 삶은 그냥 마침표이다.

버스를 탔다. '사람 진짜 많네. 직장에 늦겠다'라는 생각에 마침표를 찍으니 직장에 도착할 때까지도 마침표가 삶을 주도한다.

직장에서는? 상사에게 안 좋은 말을 들으면 '저 인간 정말 상대하기 싫어.'라며 마침표를 찍는다.

퇴근하고 돌아오면 텔레비전이나 컴퓨터, 스마트폰 같은 미디어 기기들과 함께 한다. 집에 함께 사는 사람이 있지만 소통이 잘 안 된다. '나는 이 사람과 소통이 잘 안 돼. 얘기할 사람이 없어. 나는 문제 없는데 다른 사람들이 문제야.'라고 마침표를 찍었기 때문이다.

그래서 TV나 컴퓨터, 스마트폰 등으로 시간을 보내며 휴식을 취하려고 한다. 그런데 그러면 그럴수록 마음은 공허해진다. 사람은 사람다움을 찾아 나다움을 꽃피워야 공허함이 사라지는데 그렇게 안 하기 때문이다. 전두엽을 켜고 꿈을 찾아 일상에 꿈을 녹여내 살아야 하는데, 전두엽이 꺼진 채 살고 있으니 꿈도 없고 그냥 그렇게 살 수밖에 없다.

그렇게 퇴근 후의 시간을 보내고서 잠자리에 들고, 그리고 아침을 맞이한다. 다음 날 아침은 여전히 같은 날의 반복이다. 일상의 반복. 지루하고, 바쁘고, 무기력하고, 공허하고… 그런 일상의 반복이다. 그래서 이들은 일상에서 탈출하고 싶어 한다. 이들의 꿈은 일상 탈출이다. 일상 탈출!

그런데 마침표를 찍고 싶어서 찍을까?

아니다. '나는 마침표를 찍고 살아야지!'라고 결심이나 다짐을 하고 마침표를 찍는 것이 아니다. 아무런 노력을 하지 않아도 마침표는 자동으로 찍힌다. 자신도 모르는 사이에 마침표를 찍는다. 그것에 너무 길들여져서 자동으로 마침표를 찍는 로봇이 되어버렸다고 해야 할까?

사회제도 같은 큰 틀이 사람을 마침표종으로 만들어가고 있다. 마치 모든 사람을 마침표종으로 만들어버리겠다는 거대한 음모가 있는 것처럼, '사람다움'을 잃어버리게 하기 위한 치밀한 전략을 갖고 있는 것처럼, 마침표종을 만들어가는 재미에 맛 들린 세상인 것처럼 말이다.

사람들을 어떻게 하면 끊임없이 마침표를 찍는 마침표종으로 만들 수 있을까라는 목표를 우리 사회는 이미 달성했다. 그래서 우리는 머리와 가슴에 마침표를 찍는 것에 익숙해졌고 그것이 삶이 되어버렸다. 그 결과 마침표종은 기하급수적으로 늘어나고 있다.

물음표종

물음표종의 삶을 꿰뚫고 있는 것은 물음표이다. (여기서 말하는 물음표는 느낌표를 포함하고 있다. 느낌표는 물음표를 만나가다가 언게 되는 열매와 같다.) 이들의 주특기는 모

~든 것에 물음표 꽂기이다. 마침표를 물음표로 바꿔 꽂기라고 말할 수도 있다. 자기 생각이나 느낌, 기분뿐만 아니라 보는 것, 듣는 것 등 모~든 것에 물음표를 꽂는다. 꼼짝 못하게 고정시켰던 마침표와 달리 물음표는 움직이도록 한다. 물음표는 나를 꽁꽁 가두고 있던 틀에 금을 가게 만들어 꿈틀거리게 해 주는 위력을 가지고 있다.

이들의 하루는 물음표로 꽉 차 있다. 하루의 시작도 물음표이고, 하루의 중간 중간도 물음표이고, 하루의 끝도 물음표이다. 하루 일상이 물음표로 꽉 차 있으니, 일주일도, 한 달도, 1년도, 10년, 30년, 40년, 50년…

물음표종은 이처럼 삶이 물음표로 꽉 차 있다. 하루 일상만 한 번 살펴볼까?

아침을 이렇게 시작한다. '새로운 하루가 시작됐구나! 내 인생에서 처음 맞는 오늘이구나! 아침을 맞이하는 데 있어서 내가 한 일은 무엇이지? 눈 뜰 수 있어 감사하고 이렇게 하루를 시작할 수 있으니 감사하다.'

이들의 삶에는 감사가 기본으로 깔려 있다. 감사하다는 생각에 마침표를 찍었기 때문이다. 물음표종이라고 해서 물음표만 꽂는 건 아니다. 긍정적인 것에는 주로 마침표를 찍고, 부정적인 것에는 물음표를 꽂아서 결국 긍정으로 이끌어낸다. 아침부터 긍정의 기운이 묻어난다. 버스를 타러 가는 동안 눈으로 보는 것에 물음표를 꽂고, 귀에 들리는 것에도 물음표를 꽂는다. 자기 느낌이나 기분에도 물음표를 꽂는다. 모~든 것에 물음표를 꽂으며 버스 정류장까지 간다. 그러니 그 시간 동안 이 사람의 삶은 '물음표' 그 자체이다. 즐겁고 신나고 재밌고 유쾌하면서 가볍다고 해야 할까?

직장에서는? 상사에게 안 좋은 말을 듣는다 해도 '왜 저런 말을 하지? 무엇이 문제일까? 기대하는 것이 무엇일까? 그 핵심을 내가 놓친 것일까? 내가 정말 원하는 것은 무엇이지?'라며 물음표를 꽂는다. 그렇게 핵심과 본질을 찾은 뒤에는 상사와 조율을 한다.

퇴근하고 돌아오면 반갑게 맞이하는 가족이 있다. TV나 컴퓨터, 스마트폰과 같은 기기들은 꼭 필요할 때만 사용한다. 가족과 소통이 잘 되기 때문에 이들에게 집은 따뜻하고 편안한 곳이다. 함께 있을 때는 함께 있음을 즐기고, 홀로 있을 때는 홀로 있음을 즐긴다. 홀로 있는 시간을 가지는 것이 물음표종의 공통점이다. 홀로 있어야 자기 자신을 만날 수 있고, 그런 시간을 가져야 사람다움을 간직하며 살 수 있다는 것을 알고 있다.

또한 이들의 삶에는 '꿈'이 녹아 있다. 꿈과 삶이 별개가 아니라 꿈이 일상 속에 녹아 있다. 그래서 삶이 꿈이고 꿈이 곧 삶이다. 이들에게 '삶 = 꿈을 사는(~is living) 것'이다. 어떻게 하면 오늘 하루라는 삶에 꿈을 녹여내 살까에 초점이 맞춰져 있다.

그럼 물음표도 마침표처럼 자동으로 찍힐까?

아니다. '나는 미친 듯이?를 꽂고 살아야지!'라는 결심과 각오를 해야만 물음표를 꽂을 수 있다. 마침표는 무의식적으로 자동으로 찍히지만, 물음표는 의식적으로 노력해야만 꽂을 수 있다.

2. 물음표종의 덕택으로 산다

세상은 끊임없이 발전되어 왔고, 발견과 발명 그리고 혁명이 있었다. 이런 발견, 발명, 혁명의 중심인물은 언제나 물음표종이었다. 물음표종의 작품을 예로 들어 살펴보자.

컴퓨터는 물음표종의 작품

난 지금 컴퓨터로 자판을 치고 있다. 자판으로 치는 글자를 모니터로 볼 수 있다. 틀리면 수정할 수 있고, 작업한 것을 저장할 수도 있다. 무선 마우스와 무선 키보드라서 컴퓨터 본체에서 멀리 떨어진 곳에서도 작업할 수 있다. 프린터로 출력하면 컴퓨터를 켜야 볼 수 있는 것을 종이로 들고 다니면서도 볼 수 있다.

이런 컴퓨터가 어느 날 갑자기 생겨난 것일까? 그렇진 않다. 그렇다면 맨 처음 시작은 무엇이었을까? 어떤 생각을 해서 이렇게 컴퓨터가 만들어진 걸까? 누군가 생각을 '했을' 것이다. 마침표가 아닌 물음표를 꽂은 것이다.

'어떻게 하면 계산을 쉽게 할 수 있을까? 사람의 뇌와 같은 원리를 적용한 기계를 어떻게 만들 수 있을까? 눈에 보이지 않는 계산 결과를 눈으로 볼 수는 없을까? 흑백이 아니라 다양한 색을 표현하려면 어떻게 해야 할까? 입력하려면 어떻게 해야 할까? 키보드 자판 배열은 어떻게 하는 것이 좋을까?' 마우스와 키보드의 선을 없앨 수는 없을까? 무선으로 하려면 어떻게 해야 할까? 발생되는 열을 처리하는

냉각장치는 어떻게 만들면 될까?'

수많은 물음표들이 컴퓨터 안에 녹아 있다. 물음표만 녹아 있는 것이 아니라 물음표를 만난 물음표종의 삶도 이 안에 녹아 있다. 컴퓨터가 없던 시기부터 처음 발명되고 조금씩 보완되어 지금과 같은 컴퓨터가 내 앞에 오기까지 관련된 사람들은 무수히 많다.

그렇다면 이렇게 컴퓨터를 사용하게 되기까지 내가 한 일은 무엇일까?

내가 한 일은 없다. 컴퓨터를 사용하는 것밖에 없다. 나는 아무것도 한 것이 없지만 컴퓨터는 이미 다 만들어져 있다.

입고 있는 옷도 물음표종의 작품

내가 입고 있는 옷도 마찬가지다. 어느 날 갑자기 생긴 것이 아니다. 수많은 물음표들을 만났을 것이다.

'추운 데 따뜻하게 걸칠 것은 없을까? 몸을 보호할 수는 없을까? 짐승의 가죽이나 나뭇잎으로 해 볼까? 걸치기만 하면 움직일 때 떨어지는데 몸에 잘 붙어 있도록 하려면 어떻게 해야 할까? 묶어볼까? 어떤 것으로 묶어야 연결이 잘 될까? 끈으로 묶었더니 풀릴 때도 있고 끊어질 때도 있는데 다른 것은 없을까? 더 질기고 얇은 것은 없을까? 완전히 고정시킬 수는 없을까? 손으로는 정교하게 안 묶이는데 손 말고 뾰족한 건 없을까? 생선이나 짐승 뼈를 날카롭게 만들어 사용해볼까? 사람이 바느질을 하면 너무 오래 걸리는데 그 일을 빠르게 해 주는 기계를 만들 수는 없을까?……'

외부 환경으로부터 몸을 보호하기 위해 처음에는 나뭇잎이나 짐승 가죽으로 옷을 만들어 입었을 것이다. 그러다가 '어떻게 하면 더 좋은 옷을 만들 수 있을까?'와 같은 물음표를 만났고 그런 물음표를 꽂고 산 사람들이 있었다. 그 물음표종의 덕택으로 바늘과 실이 발명되었다.

'다른 색깔로 만들 수는 없을까?' 물음표종의 덕택으로 염색하는 기술이 발명되고 발전되었다. '사람이 하려니 너무 힘이 들고 시간이 오래 걸리는데 이걸 기계가 하도록 할 수는 없을까?'라는 물음표를 만난 물음표종의 덕택으로 산업혁명도 일어났다.

이처럼 옷 안에는 무수히 많은 물음표가 녹아 있고 물음표종의 삶 또한 녹아 있다. 이렇게 옷이 만들어지기까지 내가 한 일은?

없다. 옷을 사서 입는 것밖에는 없다. 나는 아무 것도 하지 않았지만 이미 다 만들어져 있다.

컴퓨터와 옷 속에는 수많은 물음표가 있고 그 물음표를 만나왔던 물음표종의 삶이 녹아 있다. 컴퓨터와 옷뿐만이 아니다. 눈에 보이는 온갖 것들이 어느 날 갑자기 떡하니 생겨난 것이 아니다.

핸드폰, TV, 입고 있는 옷, 신발, 어둠을 밝혀주는 전구, 밥통, 화장실, 샤워기, 샴푸, 치약, 칫솔, 냉장고, 세탁기, 전자레인지, 가스레인지, 칼, 도마, 컵, 숟가락, 젓가락, 그릇, 의자, 책상, 아파트, 자동차, 버스 등 이 모든 것이 누군가가 물음표를 꽂은 것에서 시작되었다. 그것들 속에는 물음표를 품고 살아왔던 물음표종의 삶 또한 녹아 있다. 그들이 있었기에 우리는 이렇게 편하게 살 수 있다.

그렇다면 컴퓨터, 신발, 전구, 자동차, 옷이 있기까지 내가 한 일은 무엇일까?

내가 한 일은 없다. 그냥 컴퓨터를 사용할 뿐이고, 신발을 신을 뿐이고, 어디에서든 밝게 비쳐주는 전구의 혜택을 누리고, 자동차를 타고, 옷을 사 입을 뿐이다. 사용만 하면 되도록 이미 다 만들어져 있다.

세상에 있는 모~든 것들은 물음표종의 작품이다. 우린 그들의 덕택으로 살고 있다. 그들의 삶이 녹아 있는 작품을 사용하는 것뿐이다.

3. 무감각과 물음표

마침표종과 물음표종은 감각을 알아차리는 부분에서도 본질적으로 차이가 있다. 두 종과 감각을 연결시켜 살펴보기로 하자.

무감각하게 사는 것은 마침표 때문

평범한 사람들은 보아도 무엇인지 모르고, 들어도 무엇인지 모르며, 만져도 어떤 느낌인지 모르고, 먹어도 무슨 맛이지 모르며, 움직여도 신체를 인식하지 못하고, 숨을 쉬어도 악취나 향기를 모르며, 말을 할 때에도 **아무런 생각이 없다.** – 레오나르도 다빈치

많은 사람들이 무감각하게 산다. 무감각하게 산다는 건 무엇일까?

여기서 '무'(無)는 없다는 뜻이다. 즉 감각이 없다는 것이다. 그런데 사람은 감각을 가지고 있으니 이 말은 감각이 있는데도 감각이 없는 것처럼 산다는 말이다.

무감각하다는 것은 시각, 청각, 후각, 촉각, 미각이 제 기능을 못한다는 것이다. 오감이라는 능력이 제대로 발휘되지 못하는 상태이다. 그렇다면 왜 무감각할까? 무감각한 이유를 레오나르도 다빈치는 아무런 생각 없이 살기 때문이라고 했는데 난 이렇게 표현하고 싶다.

'우리가 무감각한 것은 온통 마침표만 찍어서 그렇다.'

눈으로 보는 것에 마침표를 찍고, 들리는 것에 마침표를 찍고, 코로 들어오는 것에 마침표를 찍고, 만지는 것에 마침표를 찍고, 맛보는 것에 마침표를 찍고, 생각에 마침표를 찍고, 기분에 마침표를 찍어서 그런 것이다. 마침표를 찍으면 무감각할 수밖에 없다. 마침표는 모든 감각을 꼼짝 못하게 고정시켜 버리기 때문이다. 마침표를 찍고 산다는 것은 삶을 밋밋하게 사는 것이며 감각을 잠재우고 산다는 것이다.

외감과 내감

감각이 무엇인지를 알아야 감각에 생명력을 불어넣을 수 있다. 감각은 외감(外感)과 내감(內感)으로 이루어져 있다. 외감은 바깥에서 들어오는 감각이다. 눈으로 보는 것, 귀로 듣는 것, 코로 들어오는 것, 몸으로 만지는 것, 혀로 맛보는 것 등과 같은 오감은 바깥에서 들어오는 외감이다.

그런데 바깥의 것인 외감만 있는 것이 아니다. 마음, 생각, 기분,

느낌과 같은 '안'의 것들도 있다. 이것을 내감이라고 한다. '느낌을 알아차려라, 기분을 알아차려라.'라는 말은 내감을 만나라는 말이다. 슬프거나, 힘이 없거나, 우울하거나, 짜증이 나거나, 화가 나거나, 공허하면, 이건 내 안에 있는 뭔가가 '나 여기 있어. 나 좀 보듬어 줘. 지금 만나줘.'라고 말하는 것이다. 이것들을 만나주어야 한다. 그런데 우리는 내감을 만나는 것에 심각할 정도로 무감각하다. 바깥에서 만나는 외감에만 무감각한 것이 아니라 안에서 만나는 내감에도 무감각하다.

'화가 나'에 마침표를 찍어 **화가 나** . '가 되면 거기서 멈추기 때문에 절대로 내감을 만날 수 없다.

'화가 나 ? '

'왜 화가 날까 ? 내가 가지고 있는 기준이나 기대치가 있는 건 아닐까 ? 나는 어떤 기대를 가지고 있는 걸까 ? 왜 나는 그런 기대치를 가지고 있지 ? 화가 난 감정을 계속 가지고 있을까 말까 ? 이 감정을 다른 것으로 바꾸려면 어떻게 하면 되지 ? 이런 경우 화를 내는 방법이 최고의 방법일까 ? 다른 반응을 할 수는 없을까 ? 화가 난 본질적인 이유는 무엇일까 ? 내가 진정으로 원하는 것은 무엇일까 ? '와 같이 물음표를 꽂아야 하는데 물음표 대신 마침표만 찍는다.

마침표를 찍으면 내감을 만나지 못해 감각이 무뎌지게 되고 무감각하게 살 수밖에 없다. 무감각해지면 감각이 생명력을 잃어 가고, 삶도 생명력을 잃게 된다. 마침표 자리에 물음표를 꽂는 것만이 내감을 만나고 감각에 생명력을 불어넣을 수 있는 길이다.

감각의 '감'(感)에 대해서 잠깐 살펴보면 감은 '느끼다'라는 뜻을 가진 한자이다. '느낀다'는 것이 무엇인지 감(感)을 구성하고 있는 한자들을 쪼개 보면 이렇게 된다. '감(感) = 咸(다, 100%) + 心(마음)'

즉 느낀다는 것은 마음을 다~ 하는 것이다. 마음을 다~해야 느낄 수 있다. 다~한다는 것은 에너지 차원에서 보면 에너지의 100%를 쓰는 것이다. 에너지가 흩어지도록 가만히 놔두지 않는 것이다. 즉 감(感)이라는 말 속에는 느낄 수 있으려면 마음을 다 해야 한다. 에너지를(마음을) 모으지 않으면 느낄 수 없다는 의미가 녹아 있다. 내감과 외감을 깨우려면 다~해야 한다. 그냥 놔두면(대충하면) 감각이 깨어나지 않아서 무감각하게 살 수밖에 없다.

『대학』도 이를 말해주고 있다.

心不在焉이면 視而不見하고 聽而不聞하고 食而不知其味니라.
(심부재언이면 시이불견하고 청이불문하고 식이부지기미니라.)

＊ 마음이 여기에 있지 않으면, 보아도(보이더라도) 보지 못하고, 들어도(들리더라도) 듣지 못하고, 먹어도 그 맛을 알지 못한다.

외감과 내감 중에서 어느 것이 더 중요할까?

둘 다 중요하지만 외감보다 내감이 더 중요하다. 보이는 것은 보이지 않는 것에서 비롯된다. 내 안에 있는 마음, 기분, 생각 등이 얼굴 표정과 인상을 만들고, 말투를 만들고, 행동을 만든다. 밖으로 드러나는 것들은 모두 안에서 만들어진 결과물이다. 일체유심조(一切唯心造)이다. 밖으로 드러나는 것이 나를 나타내는 하나의 표현이 되고, 순간순

간의 일상이 되고, 그 일상이 모여 내 삶이 된다. (※ 일체유심조 : 모~든 것은
오로지 마음에서 만들어진다.)

'지금 내 느낌을 알아차리는 것이 나를 사랑하는 길이다.'라는 말
이 있듯이 자신을 사랑하려면 내감을 잘 알아차려서 만나야 한다. 그
러려면 마침표가 아닌 물음표를 꽂아야 한다. 꺼져 있는 전두엽을 켜
야 한다. 내감을 어떻게 만나고 있느냐가 지금 이 순간 내 삶을 결정
한다. (※ 『내 아이를 위한 감정코칭』을 추천하고 싶다.)

물음표 레이저를 쏴라!

사람은 누구나 쉼 없이 감각을 만난다. 내감과 외감을 만나지 않는 순
간은 한순간도 없다. 사람에 따라 감각이 깨어 있느냐 잠자고 있느냐
의 차이가 있을 뿐이다.

여기 잠자는 감각을 깨워주는 핵심 문구가 있다.

'모~든 것을 아이의 눈으로 바라보라!'

이 문장에서 핵심은 두 가지다. **모~든 것**과 **아이의 눈**.

첫 번째, '**모~든 것**'은 순간순간 만나는 외감과 내감을 말한다.

두 번째, '**아이의 눈**'. 어른의 눈이 아이라 **아이의 눈**이다.

바라본다고 했을 때, 눈에서 레이저를 쏴서 레이저가 나가야 볼
수 있다고 가정해보자.

여기서 어른의 눈은 무엇에든 마침표를 찍는 마침표 레이저이고,
아이의 눈은 무엇에든 물음표를 꽂는 물음표 레이저이다.

어른의 눈인 마침표 레이저에서는 마침표가 쭉쭉 나온다. 밖에서

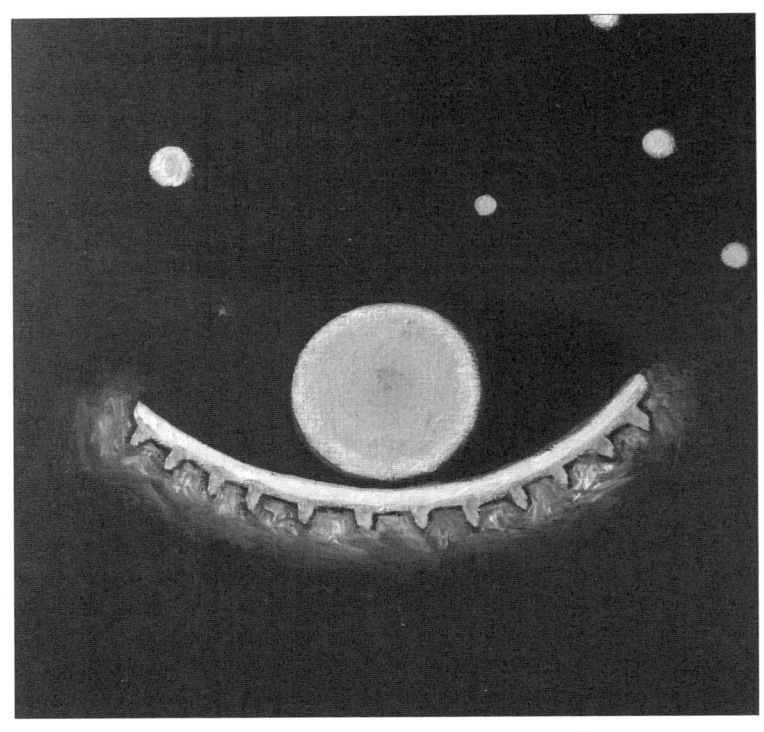

들어오는 외감뿐만 아니라 보이지 않는 내감에도 마침표 레이저를 쏜다. 그래서 모~든 것에 마침표를 찍어 버린다. 마침표는 끝내버리는 위력이 있기 때문에 마침표 레이저를 맞아 마침표가 찍힌 내감과 외감은 생명력을 잃고 생을 마치게 된다. 그 결과 감각이 깨어나지 못해 무감각하게 살게 된다.

반면 아이의 눈인 물음표 레이저에서는 물음표가 쭉쭉 나온다. 눈에 보이는 것뿐만 아니라 보이지 않는 것에도 물음표 레이저를 쏜다. 그래서 내감과 외감 모든 것에 물음표를 꽂는다. 물음표는 살아 움직이도록 하는 위력이 있기 때문에 물음표 레이저를 맞아 물음표가 꽂힌 내감과 외감은 생명력을 얻게 된다. 새로운 에너지를 얻어 살아 움직인다. 그 결과 감각이 깨어나게 된다.

그러니 감각을 깨우려면 눈에, 아니 눈이 아닌 온몸에 물음표 레이저를 달아야 한다. 그래야 내감과 외감에 물음표를 꽂을 수 있다.

모~든 것을 아이의 눈으로 바라봐라! **순간순간 내감과 외감에 마침표 레이저가 아닌 물음표 레이저를 쏴라!** 지금까지 마침표 레이저를 달고 살아 감각이 잠자고 있었다면, 지금부터 온몸에 물음표 레이저를 달아야 한다! 그래서 감각을 깨우고 살아라!

4. 다시 물음표종이 되려면

마침표종은 아침에 눈 뜰 때부터 밤에 잠 들 때까지 마침표이다.

버스를 타고 직장에 출근을 한다. 버스가 오면 '버스 왔네.'하면서 버스를 탄다. '남는 자리 없나? 피곤해서 앉고 싶은데 자리가 없네. 오늘은 시작부터 별로 안 좋다. 차가 왜 이리 막히지? 아~ 짜증나.'

집에서 버스 정류장을 거쳐 직장까지 가는 동안 만날 수 있는 것들을 전부 놓친다. 들리는 소리, 못 듣는다. 코로 들어오는 숨, 못 알아차린다. 뺨을 스치는 바람, 못 느낀다. 맑게 갠 하늘, 못 본다. 걷는 발걸음, 못 알아차린다. 얼굴 표정, 못 알아차린다. 내 손, 눈, 귀, 마음, 느낌, 모든 것에 마침표를 찍어버리기 때문이다. 처음부터 끝까지 마침표이다. 물론 가끔씩 물음표도 있지만 물음표 같지 않은 물음표(마침표 같은 물음표)는 마침표와 같다.

하루 삶을 보면 힘내라고 박수를 쳐주고 싶다. 그런데 안타까운 건 이들에게 박수를 쳐 준다고 해도 달라지지 않는다는 것이다.

잃어버린 사람다움을 찾지 않는 이상 기쁘게 살 수가 없다.
생각하는 능력을 사용하지 않는 이상 행복하게 살 수가 없다.
'물음표 꽂기'를 안 하는 이상 제대로 될 수가 없다.
전두엽이 꺼진 채 살면 아무 것도 안 된다.

이것이 안 되는 이상 박수를 쳐도 위로밖에는 되지 않는다. 현재 상태의 무한 반복만이 있을 뿐이다. 혁명이 일어나지 않는 한 여전히 마침표종으로 살아갈 수밖에 없다.

마침표종은 하루 삶이 전부 마침표이기 때문에 밋밋하고 힘들며 재미가 없다. 비전도, 꿈도, 가슴 뜀도, 사명도, 밝은 미래도 없다. 물론 그들에게도 즐거움은 있다. 그러나 그건 그냥 가슴 속에 공허함을 남기는 순간순간의 즐거움일 뿐이다.

반면 물음표종의 즐거움은 그런 즐거움이 아니다. 처음부터 끝까지 꿰뚫는 듯한 그런 즐거움, 즐거움이라는 단어로는 표현이 부족한, 뭐랄까, 행복과 감사가 녹아 있는 그런 거라고 해야 할까?

물음표종은 하루 시작을 물음표와 느낌표로 한다. 물음표로 시작해서 물음표를 만나가다가 가끔 그 물음표가 느낌표로 변한다. 그래서 굉장히 삶이 재미있고 감사하고 감동적이고 행복하다.

우리는 지구별에 올 때 사람다움이 들어 있는 '사람 씨앗'을 가지고 온다. 사람은 본래 사람 씨앗을 마음껏 가꾸며 살러 온 물음표종이다. 그런데 사람다움을 잃어버리기 시작했다. 그 결과 지구별을 떠날 때 마침표종으로 떠난다. 한 번뿐인 인생을 마침표만 찍으며 살다 가게 된다. 만약 80년을 살고 떠난다고 했을 때 묘비에 이렇게 써 있다고 하면 어떨까?

> 이 사람은 80 평생을 마침표만 찍으며 마침표종으로 살다 감
>
> 그래서 마침표의 노예가 되어 살다 감

모르는 사이 마침표종이 되었으니 이제 사람다움을 회복하여 물음표종으로 살면 된다. 우린 물음표종으로 살고 싶지 마침표종으로 살고 싶어 하지 않는다. 그럼 어떻게 해야 본래의 물음표종이 될 수 있을까?

그냥은 절대 안 된다. 미디어 기기가 일상이 되어 전두엽을 꺼버리는 환경 속에서 우리는 살고 있다. 또한 어릴 적부터 마침표를 찍도록 길들여져서 자동으로 마침표를 찍는 것이 습관처럼 되었다. 삶을 꿰뚫는 마침표의 위력이 엄청나기 때문에 다시 물음표종이 되려면 '물음표혁명'이 일어나야 한다.

Q 왜 자동으로 마침표를 찍게 되었나?

A 나는 개인적으로 거대한 음모라고 생각한다. 마침표종을 만들어버리겠다는 거대한 음모 말이다. 사람을 마침표종으로 만들어야 종처럼 부릴 수가 있다. 역사가 이를 말해주고 있다. 지배층만이 독점하고 있었던 것들이 역사적으로 늘 있었다. 지식정보화시대라고 불리는 지금 이 시대에 지배층이 독점하고 있는 것은 무엇일까?

내가 봤을 때는 사람 씨앗 중 하나인 '생각하는 능력'이다. 생각하는 능력을 모든 사람이 발휘하게 되면 정말 큰일 난다. 마침표가 아닌 물음표를 꽂으면 생각을 하게 되기 때문에 사람들을 지배하거나 통제하기 힘들게 된다. 그렇기 때문에 그 능력이 잠들어 있도록 해야 한다. 깨어나지 못하도록 해야 한다. 마침표종으로 만들어 머리에도 가슴에도 마침표가 찍혀 있도록 해야 한다.

Q 물음표종은 모두 삶을 아름답게 가꾸는 사람들인가?

A 그렇지 않다. 세상을 이끌어왔고 만들어왔으며 지배하고 있는 것이 물음표종이라는 것은 맞다. 하지만 모든 물음표종이 세상을 아름답게 가꾸는데 관심이 있는 것은 아니다.

물음표종은 크게 두 부류로 나눌 수 있다. 세상을 더욱 아름답게 가꾸는데 관심이 있는 높은 수준의 물음표종과 자신의 이익만을 추구하며 사는 낮은 수준의 물음표종이 있다. 낮은 수준의 물음표종을 나는 물음표종으로 보지 않지만 수준이 낮든 높든 생각하는 능력을 마음껏 발휘하며 산다는 공통점이 있다.

물음표종은 생각하는 능력을 마음껏 발휘하며 사는 사람이다. 이들의 주특기가 바로 생각하는 것이기 때문에 늘 생각을 '하면서', 물음표 꽂기를 마음껏 하면서 산다.

물음표 꽂기를 마음껏 하면서 산다는 것은 실로 엄청난 일이다. 생각은 물음표를 먹고 자라는데 물음표 꽂기가 제대로 되면 생각이 너무나도 크게 자라기 때문에 어떤 틀에도 갇히지 않게 된다. '사람은 생각으로 우주를 감쌀 수 있다.'라는 파스칼의 말과 일맥상통한다. 그렇기에 이들은 틀을 넘어 새로움을 볼 수 있다. 다른 차원으로 넘나들 수 있는 능력과 시각이 생긴다. 사람들이 말하는 천재의 능력이 나타나게 된다. 사람이 본래 그런 능력을 가지고 있는데 그 능력을 마음껏 사용하니 천재성이 저절로 드러나는 것이다.

07

물음표혁명

Chapter 07

물음표혁명

물음표혁명을 살펴보려면 먼저 '혁명'이 무엇인지에 대해 알아야한다. 여기서는 혁명의 개념을 간단히 짚고, 혁명의 공통점을 찾아보기 위해 영화 '설국열차'의 주인공, 코페르니쿠스, 세종대왕, 스티브잡스를 간단히 살펴본다. 또한 혁명이 시작되고 그것이 지속되려면내공이 있어야 한다는 것과 내공이란 무엇인지, 내공과 열역학 법칙이 어떤 관련이 있는지, 내공을 쌓으려면 어떻게 해야 하는지, 일상에물음표혁명을 녹여내려면 어떻게 해야 하는지 등에 대해 다루었다.

1. 물음표혁명을 시작하자

혁명이란?

성경에 니고데모라는 사람이 밤에 예수를 찾아간 이야기가 나온다.

자기는 지금까지 '이렇게 사는 게 맞다.'며 나름 잘 살고 있었는데, 예수라는 사람을 만나면 만날수록 '이렇게 사는 게 아닌가?'라는 새로운 질문이 생기게 된다. 물음표가 꽂히기 시작하면서 자기가 만들어놓은 마침표 세상에 자꾸 금이 가고 틈이 생기게 된다. 그러면서 삶에 혁명을 꿈꾸고 싶어진다. 그래서 밤 늦게 예수를 찾아간다.

> 니고데모 : 어떻게 해야 합니까?
>
> 예수 : 다시 태어나야지. 사람으로 왔으니 새롭게 태어나야지.

니고데모가 어이가 없어서 다시 묻는다.

> 니고데모 : 아니, 어떻게 다시 엄마 뱃속으로 들어갔다가 나올 수가 있습니까? 다시 태어난다는 게 가능한 겁니까?

니고데모 수준이 이만큼이라서 이 말밖에 못한다. 몸으로 태어나는 것 외에는 생각을 못한다. 그래서 다시 말해준다.

> 예수 : 뱃속에서 나오는 것만이 태어나는 게 아닐세. 혁명이 필요하네. 자네가 만든 알을 깨고 나오는 것, 자네가 자네를 낳는 것, 그래서 새로운 세계를 만나는 것, 그것이 다시 태어나는 것이고 혁명일세.

혁명은 다시 태어나는 것이다. 조금 달라지는 게 아니라 차원이 달라져 새로운 획을 긋는 근본적인 변화이다. 이전과는 질적으로 다른, 걷다가 뛰게 된, 아니 뛰다가 날게 된, 새로운 차원으로의 이동이 바로 혁명이다.

애벌레에게는 앞에 놓여 있는 돌도 문제요, 나무토막도 문제입니다. 문제 아닌 것이 없고 고통 아닌 것이 없습니다. 그러나 나비가 되면 그런 것들은 문제가 아니라 구경거리로 바뀝니다. 그렇다고 그것들이 없어진 것이 아닙니다. 강이 변하여 육지가 된 것도 아닙니다. 나무토막을 누가 치워 준 것도 아닙니다. 보는 방식이, 듣는 방식이 달라진 것입니다. 패러다임의 변화입니다. 내가 변하면 세계가 달라집니다. -『삶은 풀어야 할 문제가 아니라 경험해야 할 신비입니다』

혁명이 일어난다고 현실이 변하지는 않는다. 현실은 아무 말도 하지 않고 그대로 있다. 혁명이 일어나면 삶의 주체인 내가 변한다. 내 패러다임이 변해서 보는 방식과 듣는 방식이 달라지기 때문에 같은 현실이지만 다른 차원으로 받아들인다.

사람이 처음 태어날 때도 혁명이었다. 아기는 무균 상태의 엄마 뱃속에 있다가 바깥세상으로 나온다. 먹을 것이 제공될 뿐만 아니라 안전하고 편안하고 익숙한 곳에서 떠난다는 것은 죽음을 경험하며 새롭게 태어나는 것과 같다. 아기는 목숨 걸고 나와서 새로운 세상을 맛본다. 아기에겐 이것이 첫 번째 혁명이다. 기억을 잘 못할 뿐이지 우리의 첫 태어남은 혁명이었다. 바로 첫 번째 혁명!

그런데 이젠 다시 태어나야 한다. 어머니가 나를 낳는 것이 아니라 내가 나를 새롭게 낳는, 내가 만든 알을 깨고 나오는, 그래서 다시 태어나는 두 번째 혁명! 그 두 번째 혁명이 우릴 기다리고 있다.

혁명의 공통점

모든 혁명은 아주 작은 것에서 시작했는데 그 시작에는 어떤 공통점이 있다. 영화 '설국열차'의 커티스와 남궁민수, 지동설의 코페르니쿠스, 훈민정음을 창제한 세종대왕, 정보 기기 혁명을 일으킨 스티브 잡스의 공통점을 밝혀보았다.

영화 속 혁명 : '설국열차'

기상 이변으로 모든 것이 얼어붙는 지구. 살아남은 사람들을 태운 기차 한 대가 끝없이 궤도를 달리고 있다. 춥고 배고픈 사람들이 바글대는 빈민굴 같은 뒤쪽의 꼬리 칸, 그리고 선택된 사람들이 술과 마약까지 즐기며 호화로운 객실에서 뒹굴고 있는 앞쪽 칸. 열차 안의 세상은 결코 평등하지 않다. 기차가 달리기 시작한 지 17년째. 꼬리 칸의 젊은 지도자 커티스는 긴 세월 준비해 온 폭동을 일으킨다. 기차의 심장인 엔진을 장악, 꼬리 칸을 해방시키고 마침내 기차 전체를 해방시키기 위해 절대 권력자 윌포드가 있는 맨 앞쪽 칸을 향해 질주하는데…

– '설국열차' 줄거리 중

'기차'는 사람들이 살고 있는 사회이며 사회를 돌아가게 하는 시스템이다. 메이슨 총리의 말이 그들의 삶을 대변하고 있다.

'애초부터 자리는 정해져 있어. 나는 앞쪽 칸, 당신들은 꼬리 칸. 당신들의 자리를 알고 제 자리를 지켜!'(Know your place. Keep your place.)

누구나 이걸 당연하게 받아들이는 상황이었고 그런 분위기였다.

'자리는, 내 운명은 정해져 있어 . 정해진 대로 살아야 돼 . 앞 칸으로 가면 안 돼 . '

다들 그렇게 마침표를 찍고 살고 있었다. 그런데 여기에 마침표가 아닌 '물음표'를 꽂은 사람이 있으니 그가 바로 '커티스'다.

'자리가 정해져 있다 ? 운명이 정해져 있다 ? 앞 칸으로 가면 안 돼 ? '

'그래, 앞 칸으로 가자! 엔진을 점령해서 기차 전체를 해방시키자!'

그렇게 맨 앞 칸까지 와서 월포드를 만난다. 하지만 월포드를 죽인다 해도 그 자리를 자신이 대신할 뿐이라는 걸 알게 된다. '기차는 계속 달리고 시스템은 유지되고⋯ 열차 안에 답이 있다고 믿었는데⋯' 커티스는 딜레마와 혼란에 빠지게 된다.

그런 커티스에게 또 다른 길이 있음을 알게 해 주는 이가 바로 남궁민수다. 남궁민수는 커티스와 다른 꿈을 꾸었다. 맨 앞 칸 문을 열려고 하는 커티스에게 이렇게 말한다.

"내가 제일 하고 싶은 게 뭔지 알아? 문을 여는 거야. 그런데 네가 열려고 하는 앞쪽 문이 아니야. (옆쪽 문을 가리키며) 저거야 저거.

이게 말이지, 원래 그냥 문이거든. 근데 안 열고 계속 그 자리에 있으니까 벽처럼 생각하는데. 저것도 문이란 말이지. 저건 벽이 아니라 문이야. 나는 저 문을 열고 싶어."

커티스와 남궁민수 둘 다 똑같이 문을 열고 싶어 했다. 커티스는 틀을 벗어나지 못하는 문을 열려고 했고, 남궁민수는 틀을 넘어서는 문을 열려고 했다. 어찌됐든 그들은 마침표가 아닌 물음표를 꽂았기에 문을 열 수 있었다. 맨 앞 칸까지 왔던 커티스도 결국엔 남궁민수와 하나가 된다. 지금의 시스템을 깨려면 벽으로 알고 있던 문을 열고 기차 밖으로 나가는 길뿐이라는 걸 알게 된다. (※ 이런 영화는 100년에 나올까 말까한 영화다. 봉준호 감독의 천재성에 감탄을 금할 수 없는 명작이다. 감독이 한국인이라는 사실에 내

코페르니쿠스의 혁명 : 지동설

과학 쪽으로 가보자. 과학 분야에서 혁명이라고 하면 코페르니쿠스를
떠올린다.

당시 모든 사람들은 '지구는 우주의 중심이다. 지구는 움직이지
않고 태양(하늘)이 돈다.'라고 생각했다. 그 생각을 사실로 믿고 있었다.
천동설이 그들의 믿음이자 신앙이었고 그들이 사는 세상이었다.

'지구는 움직이지 않는다 ┊.┊ 지구는 우주의 중심이다 ┊.┊'

지구가 우주의 중심이라는 생각에 마침표를 찍는 것이 당연했기
에 누구나 '마침표'를 찍었고, 그것이 사실이라고 철저하게 믿고 있었
다. 마침표를 찍었기 때문에 생각을 벗어날 수 없었고 그 안에 갇힐
수밖에 없었다. 새삼스럽지만 이게 바로 마침표의 위력이었다.

그런데 모든 사람이 마침표를 찍은 자리에 물음표를 꽂은 사람이
나타났으니 그가 바로 코페르니쿠스였다. 처음에는 코페르니쿠스도
마침표를 찍고 있었다. 그런데 자료를 살펴보고 관측을 하면 할수록
천동설은 뭔가 이상했다.

'지구는 움직이지 않는다 ┊?┊ 정말 그럴까 ┊?┊'

마침표가 아닌 물음표를 꽂기 시작하자 자기가 알고, 믿어왔던
생각에 금이 가고 틈이 생기기 시작한다. 물음표가 꽂히면서 틈이 점
점 벌어지다가 어느 순간 확 깨져버린다. 새로운 세계가 열린 것이다.

우물 안 개구리가 우물 밖으로 나온 것과 같은, 달걀 안의 병아리가 알을 깨고 나온 것과 같은, 애벌레가 고치를 뚫고 나비가 된 것과 같은 그런 경험을 코페르니쿠스는 하게 된다. 혁명을 만난 것이다. 물음표를 끊임없이 꽂아가다가 어느 순간 느낌표를 만난 것이다.

'아~ 지구가 움직이는 거구나! 우주의 중심이 지구가 아니라 태양이구나! 이게 사실(眞實)이구나! 지금까지 난 거짓을 사실로 믿고 살았구나! 내가 가진 생각이 틀린 것이었구나! 왜 틀리다는 생각을 전혀 하지 못했을까? 왜 진실을 못 봤을까? 모든 사람들이 거짓을 진실이라고 믿고 있구나. 그렇게 살고 있구나!'

코페르니쿠스는 자신이 사는 시대에는 이 사실을 받아들이려하지 않을 것을 알고 사실을 말하기를 두려워하며 책으로 남긴다. 그렇게 코페르니쿠스의 혁명이 시작됐다. 물론 이건 시작에 불과했다. 수많은 사람들이 죽어가는 과정을 거치고 나서야 지동설이 사실로 받아들여지게 된다.

세종대왕의 혁명 : 훈민정음

만약 세종대왕이 만든 훈민정음(訓民正音)이 없었다면, 한글이 없어서 우리글을 읽을 수도 쓸 수도 없다면 어떨까? 생각만 해도 끔찍하다. 이 '끔찍하다.'라는 표현도 한글이 있기에 가능하지 한글이 없다면 한자로 표현해야 하는데… 진짜 답이 안 나온다.

노랗다는 표현을 할 때 우리 말에는 '노랗다' 말고도 누렇다, 싯누렇다, 샛노랗다, 노오랗다, 누리끼리하다, 노르스루므리하다…등 섬

세하고 맛깔 나는 표현들이 수두룩하다. 이런 맛깔 나는 우리말의 느낌을 그대로 살려 표현할 수 있는 이유는 한글이라는 우리글이 있기 때문이다. 우리글이 없다면 이렇게 감수성 넘치는 우리말을 한자인 '黃'(황 : 누렇다)으로밖에 표현할 수 없을 것이다. 한글이 없다면 글쓰기가 얼마나 밋밋하고 재미없을까? 생각조차 하기 싫다.

나의 한국 방문에서 가장 즐거웠던 기억 중 하나는 그동안 그토록 많이 들어왔던 한글을 가는 곳마다 보면서 유명한 세종대왕의 문자를 읽는 방법을 배웠던 일이었습니다. 이런 모든 특성들로 인해 한글은 전 세계의 학자들로부터 세계에서 가장 뛰어나게 고안된 문자 체계라는, 어쩌면 당연한 칭송을 받고 있는 것입니다. ―『총. 균. 쇠』 저자 제레드 다이아몬드의 한국어판 서문

훈민정음은 세종이 거의 홀로 만든 것이다. 아니 홀로 만들 수밖에 없었다. 당시 훈민정음 창제 작업은 공식적으로 진행할 수 없는 일이었고, 그런 까닭에 집현전 학자들을 투입할 수 없었다. 물론 집현전 학자들 중 일부가 도움을 줬을 수는 있다. 그러나 그것은 어디까지나 세종의 질문에 답하는 정도의 조력자 위치에 불과했다. 정인지 등의 집현전 학자들은 세종이 무슨 의도로 운학(韻學. 언어학)에 관심을 두는지 몰랐다. 세종이 훈민정음을 공식적으로 공표할 때까지 그들은 왕이 스스로 문자를 만들어낼 줄은 상상도 못했을 것이다. 왜냐하면 세종의 창제 작업은 철저하게 비밀리에 진행됐기 때문이다.

만약 세종이 비밀리에 창제 작업을 진행하지 않았다면, 적어도 실록에 그에 대한 언급이 한마디라고 있어야 정상이다. 그러나 세종이 훈민정음을 공표할 때까지 문자 창제에 관한 언급은 단 한마디도 없다. 임금의 공식적인 행동과 말이 모두 기록되던 당시에 공식적인 사안이 전혀 기록되지 않는다는 것은 불가능하다. 실록에 무기 제작과 같은 극비 사항마저 기록된 것을 감안한다면 훈민정음 창제는 극비리에 진행된 국가사업도 아니었다는 뜻이다. 즉 훈민정음은 그야말로 세종이 홀로 극비리에 진행한 일이었던 것이다. – 『한 권으로 읽는 세종대왕실록』

세종대왕이 홀로 문자를 만든 이유는 유학자들이 '마침표'에 갇혀 있었기 때문이다. 그들은 '큰 나라인 중국을 섬겨야 한다 ⃞. 중화의 문자인 한자를 대신하는 새 문자를 만드는 것은 있을 수 없는 일이다 ⃞. 학문은 우리들만의 고유 영역이다 ⃞.' 와 같은 사대주의와 권위주의에 쩔어 있었다.

세종은 무지한 백성을 깨우쳐 주고 싶었고 생각하는 백성으로 만들고 싶었다. '백성들과 소통하려면 백성들이 글을 알아야 한다. 그래야 생각을 할 수 있다. 그런데 지금 사용하는 글인 한자는 너무 어렵다. 한자의 음을 빌려 표현하는 이두가 있지만 한계가 많아 불편하다. 그럼 어찌해야 하는가?'

'새로운 문자밖에 없구나! 어떻게 만들어야 하지?'

세종대왕은 전두엽을 가동시켜 몰입에 몰입을 거듭한다. 음운학에 관련된 모든 책을 섭렵하여 당대 최고의 언어학자가 된다. 백성을 사랑하는 마음, 그것 하나였다. 그 사랑이 있었기에 '중국을 섬겨야 한다 ? 새 문자를 만들면 안 된다 ? 학문은 우리만의 영역이다 ? '와 같은 생각 뒤에 물음표를 꽂을 수 있었다.

결국 세종 25년인 1443년에 훈민정음을 창제한다. 창제 이후 세종은 훈민정음을 반포하고 모든 백성이 익힐 수 있도록 제도화한다. 마침표를 찍었던 유학자들에게는 천지가 개벽할 일이 일어난 것이다. 그래서 그들은 한글 보급을 저지하는 운동을 한다. 하지만 이미 새로운 문자는 하나의 흐름이었다. 아주 심플하고 쉬웠기 때문에 백성들에게 대박이 난다. 겨우 28자라니, 그것을 가지고 세상의 모든 소리를 표현할 수 있다니… 이 얼마나 감격스러운 일인지…

난 한글이 너무 자랑스럽다. 한글이 있는 대한민국에 태어나서 너무 감사하다. 대한민국 국민이라면 한글이 있다는 사실 하나만으로 자부심을 가지고 살아도 되지 않을까? 단언컨대 한글은 지구 역사상 최고의 문자이자 발명품이다. 최고다. 최고!

스티브 잡스의 혁명 : 아이폰

스티브 잡스는 전두엽의 지배자이자 물음표종으로 디지털 기기에 근본적인 변화를 일으킨 혁명가이다.

2005년 스탠퍼드대 졸업식에서 이런 말을 한다.

"33년간 매일 아침 거울을 보며 내게 물었다. 오늘이 내 인생의 마지막 날이라면 오늘 내가 하려는 일을 할 것인가? 라고 말이다."

그는 거울을 볼 때마다 전두엽을 켜는 질문을 던지며 물음표를 꽂고 산 것이다.

2007년 1월 아이폰 첫 공개 프레젠테이션을 보면 아이폰이 나오기까지의 숨겨진 이야기와 어떤 물음표를 꽂았는지, 그렇게 꽂은 물음표가 어떻게 느낌표로 바뀌었는지 등에 대한 이야기를 엿볼 수 있다.

"오늘 우리는 이런 혁신적인 제품 세 가지를 소개하려 합니다. 첫 번째는 터치로 조작하는 와이드스크린 아이팟입니다. 두 번째는 혁신적인 휴대폰이지요. 세 번째는 획기적인(상식을 뛰어넘는) 인터넷 통신 기기입니다. 아이팟, 휴대폰, 인터넷 통신… 뭔지 감이 오십니까? 세 개의 기기를 말하는 게 아닙니다. 이 모든 것을 구현한 단 한 개의 기기를 말하는 것입니다. 그것의 이름은 아이폰입니다. 오늘 애플은 핸드폰을 재탄생시킬 것입니다."

2005년 애플 매출에서 점점 더 큰 비중을 차지하는 것은 mp3 플레이어인 아이팟이었다. 이때 잡스는 누구나 갖고 다니는 휴대전화기에 뮤직 플레이어를 장착하면 아이팟은 쓸모없는 기기가 되리라는 것을 예측한다. 새로운 해결책을 고민하던 그때 타 회사에서는 키보드가 달린 스마트폰이 출시되어 인기가 높았다.

핸드폰에 컴퓨터의 기능이 탑재된 스마트폰은 손안에 잡히는 컴퓨터와 같았다. 컴퓨터에 키보드가 딸려 있는 것은 당연한 것이었기에 다들 '스마트폰에 키보드는 당연히 있어야 한다 . ' 라는 생각에 마침표를 찍고 있었다.

여기에 물음표를 꽂은 자가 있었으니 그가 바로 스티브 잡스다. 잡스는 이 키보드가 영 마음에 들지 않았다. 사용할 때든 사용하지 않을 때든 고정된 공간, 그것도 너무 많은 공간을 키보드가 차지하고 있었기 때문이다. 이름만 스마트폰이지 전혀 스마트하지 않은 기기라고 생각했다.

'스마트폰에 키보드가 꼭 있어야 한다 ? 꼭 필요한가 ? 필요하지 않을 때도 항상 자리를 차지하고 있지 않은가 ? 만약 훌륭한 아이디어가 떠올라 새로운 기능을 추가하고 싶어도 이미 버튼이 만들어져 있으면 바꿀 수 없잖아. 그럼 어떻게 할까 ? 그래, 키보드를 포함한 버튼을 몽땅 없애자 ! 그럼 어떻게 조작하도록 할까 ? 마우스를 들고 다닐 순 없잖아. 스타일러스 펜 ? 귀찮아.'

잡스는 키보드를 포함한 버튼을 몽땅 없애 스크린에 넣어버린다.

깔끔하게 스크린 하나만 남긴 것이다. 하지만 그것이 가능하려면 동시에 눌러도 접촉점을 인식하는 기술인 멀티 터치 기능이 스크린에 갖춰져야 했다. 연구 끝에 멀티 터치 방식의 터치 스크린을 만들어 낸다.

또한 스크린을 플라스틱이 아닌 유리 소재로 쓰기로 결정한 뒤 방법을 찾고 찾다가 '고릴라 유리'(충격과 긁힘에 강하며 얇으면서도 일반 유리보다 쉽게 깨지지 않는 유리)가 있다는 것을 알게 된다.

다음은 스티브 잡스가 유리를 만드는 최고의 기술을 가진 코닝사의 웬델 윅스 회장과 만났을 때 나눈 대화 내용이다.

"코닝이 최대한 많은 고릴라 유리를 만들어주길 바랍니다."

"생산 능력이 안 됩니다. 지금 우리 공장들은 고릴라 유리를 전혀 만들지 않고 있으니까요."

전문가인 윅스 입에서 '아직 기술력이 안 됩니다 . 못 만듭니다 .'라는 말이 나와도 잡스는 이미 만들어졌다고 믿고 말한다.

"걱정 마세요. 당신은 할 수 있어요. 명심해요. 당신은 할 수 있어요."

이후 실제로 6개월도 안 돼서 코닝사는 생산하지 않던 유리를 만들어내는 일을 해 낸다.

이렇게 잡스는 수많은 물음표와 도전을 만나며 결국 아이폰을 완성시킨다. 잡스의 말처럼 애플은 핸드폰을 재탄생시켰다. 세계적 기업인 노키아가 망했다면 말 다한 것이다. 키보드 공간이 따로 있던 스마트폰은 사라지기 시작했다. 이제는 어디서든 스크린만 있는 스마트폰을 볼 수 있다. 진정 스마트한 폰으로 탄생한 것이다. 인터넷 통신 기기의 혁명, 휴대폰 혁명이 스티브 잡스의 '물음표'를 통해 일어났다. 역시 스티브 잡스다. 사람들이 괜히 스티브 잡스에 열광하는 것이 아니다.

혁명의 공통점

'설국열차'의 커티스와 남궁민수, 코페르니쿠스, 세종대왕, 스티브 잡스를 통해 혁명을 살펴보았다.

혁명의 공통점을 찾아보았는가? 혁명의 공통점은 최초 시작 부분이다. 모든 혁명의 첫 시작은 무엇이었을까?

아주 작은 것이었다. 마침표 자리에 물음표를 꽂는 것, 바로 '물음표 꽂기'였다. 다들 마침표를 찍어 당연하게 여기던 것들에 물음표를 꽂는 것에서 시작되었다.

영화 '설국열차'에서 커티스는 '정해진 자리가 있다'라는 생각에, 남궁민수는 '저게 벽이다'라는 생각에 마침표가 아닌 물음표를 꽂았다. 코페르니쿠스는 '지구는 움직이지 않는다'라는 생각에 ? 를 꽂았고, 세종대왕은 '중국을 섬겨야 한다. 새 문자를 만들면 오랑캐가 되는 것이다'라는 생각에 ? 를 꽂았다. 스티브 잡스는 '스마트폰에 키보드는 당연히 있어야 한다'는 생각에 ? 를 꽂았다. 이처럼 첫 시작은 물음표 꽂기였다.

혁명뿐이 아니다. 지금 보고 있고 사용하고 있는 모든 물건들도 물음표를 꽂는 것에서 시작되었다. 나는 이런 물건들이 만들어진 것도 혁명이라는 관점에서 보고 싶다.

예를 들어 식탁에 앉아서 밥을 먹는다고 하자.

식탁 의자가 처음부터 있었을까? 아니다. '어떻게 하면 앉을 수 있을까? 안전하게 하려면 다리가 몇 개 있어야 할까? 다리를 만들려면 나무를 잘라야 하는데 뭐가 필요하지? 나무토막을 서로 연결해서 고정하려면 어떻게 해야 할까? 나무만 있으면 딱딱한데 더 편안하게 하려면 어떻게 해야 할까?…'

전기밥통도 마찬가지다. 밥통이 알아서 밥을 해준다. 스위치를 누르기만 하면 밥도 해주고, 따뜻하게 데워 주고, 예약하면 그 시간에 맞춰서 해주고, 다 되면 다 됐다고 알려주고, 메뉴도 다양해서 쾌속도 되고 잡곡밥도 된다. 물을 얼마만큼 넣으라는 표시까지 해 준다. 예전엔 부뚜막에서 불을 지펴서 밥을 해야 했고, 추운 겨울이면 덜덜 떨면서 밥을 지어야 했는데 이젠 그럴 필요가 없다.

이처럼 우리가 일상에서 만나는 모든 물건들은 바로 물음표의 산물이다. 물음표를 만나면서 발견, 발명, 보완된 물건들이다. 지금도 업그레이드는 진행 중이다.

그렇다면 지금 사용하고 있는 이 물건이 나에게 오기까지 내가 한 일은 무엇일까? 내가 한 일은 아무 것도 없다. 만들어진 물건을 그냥 사용하기만 하면 된다. 참으로 고마운 세상이다.

일상에서 사용하는 모든 물건들의 출발점과 혁명의 시작은 바로 '물음표 꽂기'였다. 당연하다고 마침표를 찍는 것에서 벗어나, 당연하지 '않다'고 물음표를 꽂은 것에서 시작되었다. 마침표를 찍지 않고 물음표를 꽂는 것! 모든 것은 거기서 시작되었다.

그.런.데. 물음표만 꽂는다고 혁명이 되지는 않는다. 물음표에도 수준이 있다. 물음표는 물음표를 먹고 자라고, 어떤 물음표를 먹고 자랐느냐에 따라 물음표의 수준과 강도가 다르다.

날 가두고 있는 마침표를 깨고 나오려면 그보다 높은 수준의 물음표를 꽂아야 한다. 아무리 많은 물음표를 꽂는다 해도 꽂는 물음표의 수준이 낮으면 마침표가 만든 벽을 깰 수 없다. 갇힌 채로 살 수밖에 없다. 그걸 깨려면 물음표의 수준이 높아야 하고, 물음표의 강도가 세야 한다. 즉, 내공이 있어야 한다. 물음표의 수준과 강도는 전적으로 내공에 비례한다. 내공을 쌓아야 물음표의 수준이 높아져 마침표를 깰 수 있게 된다. 그렇다면 과연 내공이란 무엇일까?

2. 의식 수준을 정하는 내공

내공(內攻)은 내 안에 쌓여 있는 공력으로, 바깥 것들에 휘둘리지 않는 '내 안의 힘'을 말한다.

내공이 없으면 물음표혁명이 진행되지 않는다. 혁명의 첫 출발은 마침표 자리에 물음표를 꽂는 것이다. 첫 물음표를 꽂는 것은 누구나 할 수 있다. 그렇게 혁명은 시작된다. 하지만 물음표라고 다 같은 물음표가 아니다. 시작된 혁명이 진행되려면 물음표의 수준이 마침표 세상을 계속 깰 수 있는 수준이어야 한다. 즉 물음표혁명이 진행되려면 내공이 있어야 하고, 내공을 쌓아야 한다.

　그런데 내공을 '내공이 있네, 없네, 내공이 쌓였네, 안 쌓였네.'로만 구분하면 내공이 무엇인지 또 내공이 어느 정도인지 잘 와 닿지 않는다. 이런 구분은 경계가 애매하고 불분명해서 내공이 뜬구름 잡는 것처럼 느껴지기만 한다. 그래서 내공을 명확하고 구체적인 형태로 드러내야 한다. 내공의 단계를 명확하게 수치로 드러낼 수 있다면 더 좋을 것이다.

　감사하게도 내공을 의식 수준으로 연결하여 수치로 이해하기 쉽게 나타낸 사람이 있다. 데이비드 호킨스 박사는 오랜 세월 동안 수백만 번에 걸친 실험을 통해 미지의 영역으로 남아 있었던 의식 세계에 관한 실제적인 지도를 그려냈다. 보이지 않는 의식 수준을 수치화하여 볼 수 있도록 나타낸 것이다. 측정된 수치는 의식 수준을 나타내고 있으며 태도, 감정, 인식, 세계관 등과도 밀접한 관련을 맺고 있다.

　애매모호하고 잘 와 닿지 않는 내공을 의식 수준과 연결해 보려고 한다. 즉 '내공은 의식 수준이다.'라고 말하고 싶다. 의식 수준을 이해하면 애매하게 느껴졌던 내공이 분명하고 명확하게 이해될 것이다. 다음은 의식 수준에 대한 이해를 위해 『의식혁명』에서 발췌한 부분이다.

수치 (대수)	수준	정서	작용	신의 관점	삶의 관점
700	깨달음	언어로 표현할 수 없는 상태	순수의식	참나	존재
600	평화	축복	자각(환하게 비춤)	두루 존재함	완전함
540	기쁨	고요함	거룩함	하나	충만함
500	사랑	존경	계시	사랑(자비)	따뜻함
400	이성	이해	추상	지혜로움	합리적
350	포용	용서	초월	너그러움	조화로움
310	자발성	낙관	결의(결심)	격려	희망에 참
250	중용	신뢰	풀어줌(해방)	능력 있음	뿌듯함
200	용기	긍정	힘을 불어 넣어줌	허용(용납)	가능성
175	자존심(교만)	경멸	과장(허세)	무관심	자기위주
150	분노	미움(증오)	공격	복수심	적대적
125	욕망	갈망	구속	부정	실망
100	두려움(불안)	근심	물러남(위축)	징벌	두려움
75	슬픔	후회	낙담	거만함	비극
50	무기력	절망감	자포자기	비난	절망
30	죄의식	비난	파괴	원한	악함
20	수치심	굴욕감	없애려 하기(제거)	경멸(멸시)	비참함

우선 측정 숫자가 대수의 값이라는 것을 유념해야 한다. 의식 세계를 수치화하는 데 있어서 '용기'의 수준인 200이 일종의 분기점이

라는 것을 밝혀두고 싶다. 200 이하의 수준은 개인이든 사회든 파괴적인 삶을 뜻하며, 200 이상의 수준은 잠재력의 건설적인 표현이다.

200 이하의 수준에 기본적으로 깔려 있는 삶의 태도는 살아남기이다. 그 중에서도 가장 낮은 수준은 가난과 결핍에서 비롯되는 절망과 우울의 영역이다. 그보다 높은 분노와 욕망의 단계에 이르면, 개인은 생존을 위해 자기 본위의 충동적인 행동을 하게 된다. 자존심의 수준에 이르면, 살아남으려는 본능이 다른 사람에게도 역시 중요하다는 것을 최초로 이해하기 시작한다. 긍정과 부정의 갈림길이 되는 용기의 수준에 이르면, 다른 사람들의 안녕이 점차 중요하게 느껴지기 시작한다. 500의 수치에 이르면 다른 사람들의 행복을 고려하게 되어 그것이 그 사람을 움직이는 필수적인 요소로 자리 잡게 된다. 600대에 가까워지면 자기 자신뿐만 아니라 다른 사람들의 영적인 눈뜸에 관심을 갖게 되고, 600대에 이르면 인간의 선과 깨달음을 위한 추구가 삶의 기본적인 목표가 된다.

▶ 에너지 수준 175 : 자존심

자존심은 삶의 행진을 계속할 수 있는 버팀목 구실을 한다. 자존심은 좋은 덕목으로 평가받으며 사회적으로 권장 받고 있다. 그러나 도표에서 보는 바와 같이 자존심은 분기점인 200을 훨씬 밑도는 수준이다. 자존심이란 외부 조건에 의존해서 생기는 것이며 또 그것 없이는 언제라도 낮은 수준의 의식으로 돌아갈 수 있기 때문이다. 부풀어 오른 자존심은 비난에 약하다. 자존심은 아주 쉽게 수치심의 수준으로 떨어질 수 있으며, 바로 그 때문에 여전히 약한 의식 수준이다. 자존심에 가득 찬 사람들은 의식의 성장을 스스로 차단한다. 자존심이 있는 한 집착에서 해방되는 것은 불가능하다.

▶ 에너지 수준 200 : 용기

200의 수준에서는 내면의 참된 잠재력이 처음으로 나타나기 시작한다. 200이야말로 인생에 긍정적, 부정적 영향을 구분하여 주는 분기점이다. 우리는 이 수준에서 비로소 무엇인가를 할 수 있는 힘을 갖기 시작하며, 이 단계야말로 탐구, 성취, 인내, 결단의 영역이다. 용기의 수준에 이르면 인생이 흥미롭고, 도전적이고, 자극적인 것이 된다.

▶ 에너지 수준 250 : 중용

이 수준이 매우 긍정적인 에너지인 것은 낮은 수준의 사람들이 전형적으로 보여주는 편파적인 관점으로부터 해방을 뜻하기 때문이다. 이 단계는 내면의 자신을 신뢰하는 출발점으로서 자신의 잠재력을 느끼기 시작하며, 쉽게 위협을 느끼지도 않는다. 중용의 자세로 살아가는 사람들은 편안함을 느끼고, 이 세상을 잘 살아갈 수 있다는 자기 신뢰를 잃지 않는다.

▶ 에너지 수준 310 : 자발성

이 수준의 사람들은 성장이 빠르고, 마치 향상을 위해 태어난 사람들처럼 보인다. 자발성이란 인생에 대한 보이지 않는 저항을 극복하고 기꺼이 참여하는 마음이다. 200 이하의 사람들은 마음이 답답하게 닫혀 있지만, 310의 수준에 도달한 사람들은 마음의 문이 활짝 열려 있다.

▶ 에너지 수준 350 : 포용

이 수준에 이르면 우리 자신이 인생의 모든 경험을 창조하고 원천이 된다는 이해를 하는 커다란 변화가 일어난다. 이 수준에 이르면 행복의 근원이 자신 속에 존재한다고 깨달음으로써 커다란 도약이 이루어진다.

▶ 에너지 수준 400 : 이성

이 수준에 이르면 이보다 하위 수준의 감정 단계를 벗어남으로써 지성과 이성이 삶의 전면에 떠오르게 된다.

▶ 에너지 수준 500 : 사랑

언론이나 방송에서 묘사하는 사랑은 여기서 말하는 수준의 사랑이 아니다. 500의 에너지 수준은 조건 없고 변함없고 영원한 사랑에의 눈뜸으로 특정 지을 수 있다. 사랑이란 외부 조건에 좌우되지 않는다는 것을 알고 자신의 내부에서 그 근원을 찾기에 이수준에서의 사랑은 오르내림의 파동이 보이지 않는다. 사랑한다는 것이 존재 자체가 된다. ―『의식혁명』에서

의식 수준마다 에너지장(場)을 가지고 있다. 예를 들어, 갓 태어난 아기를 가만히 보고 있으면 나도 모르는 사이에 부정적인 기운이 사라진다. 아기가 가진 사랑과 평화의 에너지장에 접속됐기 때문이다. 아기의 높은 의식 수준이 만들어내는 에너지장에 접한 결과 사랑과

평화의 기운이 내 안에도 감돌게 된다. 아기를 '애기'라고도 한다. '애기'는 한자로 愛(사랑)氣(기운)인데 '애기 = 사랑의 기운이 충만한 사람'이라는 것으로 핵심을 잘 짚어낸 것 같다.

또 다른 예를 보자. 나보다 의식 수준이 높은 사람의 강연에 참석해서 강연을 들으면 이 사람을 만나는 동안은 나도 모르게 의식 수준이 높아진다. 의식 수준은 그렇게 서로에게 영향을 준다. 내 의식 수준이 고정되어 있는 것이 아니라 무엇을 접하고 만나느냐에 따라 달라진다.

'내공이 있다 없다.'의 기준은 의식 수준 200(용기)이다. 200 이상은 나뿐만이 아니라 사회 전체에 도움을 주는 에너지이고 200 미만은 피해를 주는 에너지이다. 내공이 없다는 것은 의식 수준 200 미만을 말한다. 200부터가 내공이 있는 것인데, 그렇기 때문에 내공을 쌓아야 한다.

물은 흘러가다가 빈 웅덩이를 만나면 다 채우고 나서야 계속 흘러갈 수 있다. 내공도 마찬가지다. 내 안에 있는 빈 곳을 먼저 채워야 내공을 쌓을 수 있다.

200 미만의 의식 수준은 내공이 없는 상태로 비어 있다고 볼 수 있다. 그렇기 때문에 내공을 쌓으려면 비어 있는 곳을 200 이상의 의식 수준으로 채워야 한다. 마이너스 에너지를 플러스 에너지로, 부정적인 기운을 긍정적인 기운으로 바꿔야 한다. 긍정의 에너지를 모아 채워야 한다.

그런데 이런 에너지는 절대로 그냥 모이지 않는다. 에너지는 그냥 놔두면 흩어지는 방향으로 가게 되어 있다. 에너지를 다룬 열역학 법칙이 이에 대해 잘 설명해 주고 있다.

내공을 쌓으려면 열역학 법칙에 대한 이해가 필요하기 때문에 열역학 법칙을 먼저 알아보자.

3. 열역학 법칙과 삶

내공을 쌓으려면 에너지를 모아야 한다. 그런데 에너지는 저절로 모이지 않는다. 아니 저절로 흩어지게 되어 있다. 에너지의 속성이 무엇인지를 열역학 법칙을 통해 알아보자. 이 법칙을 알게 되면 왜 내공을 쌓는 것이 쉽지 않은지, 어떻게 해야 내공을 쌓을 수 있는지에 대해 본질적인 이해를 하게 될 것이다.

열역학 제1법칙과 제2법칙

많은 사람들이 에너지, 일, 힘…과 관련해서 물음표를 꽂은 결과 알아낸 것이 열역학 법칙이다. 여기서는 제1, 2법칙만 간단히 살펴보자.

열역학 제1법칙은 '에너지 총량 불변 법칙'으로 에너지의 총량은 일정하다는 법칙이다. '에너지는 변하기만 할 뿐이지, 모양을 달리 할 뿐이지, 절대로 사라지지 않아. 그래서 에너지의 총량은 늘 똑같아.'라는 것이다.

예를 들어, 어떤 것의 총 에너지가 100이라면 무엇으로 변하든 변한 것들을 전부 합하면 에너지가 100이라는 것이다. 이걸로 변할 수도 있고 저걸로 변할 수도 있지만, 그것들을 전부 합하면 에너지가 100이 된다는 것이다. 즉 에너지 총량은 일정하다는 게 첫 번째 법칙이다.

한 문장으로 나타내면 '에너지는 안 사라져. 변하기만 할 뿐이야.'이다.

열역학 제2법칙은 '엔트로피 법칙'으로 더 많이 알려져 있다. 이건 제1법칙 이후의 궁금함에 대한 발견이다.

'에너지가 하나도 안 사라지고 전부 변하더라. 그런데 어떻게 변하는 거야? 자연 상태에서 가만히 놔두면 에너지가 어디로 흘러가는 거야?' 하고 물음표를 꽂고 꽂아서 발견한 것이다. 그래서 알아낸 것이 에너지는 엔트로피를 증가시키는 방향으로 흘러간다는 것이다. (＊엔트로피 : 무질서한 정도)

에너지는 가만히 놔두면 흩어지게, 안 모이게 되어 있다. 가만히 놔두지 '않아야' 에너지를 모을 수 있다. 가만히 놔두지 않아야 에너지를 질서 있는 쪽으로 흐르게 해서 흩어지지 않게 할 수 있다. 그러니 에너지를 모으는 것은 자연 현상인 엔트로피를 거스르는 역(逆)엔트로피이다. 이게 내공 측면에서 보면 내공을 쌓는다는 것이다.

엔트로피 법칙(열역학 제2법칙)은 우리의 삶에도 그대로 적용된다.

대충 한다 vs **일** 한다 vs '**작품** 한다'

예를 들어 지금 어떤 일을 한다고 할 때 어떻게 하냐면 대~충 한다.

'어떻게 하면 지금 하는 일에 뿌듯함을 느낄 수 있을까?'와 같은 질문 없이 '에이~ 빨리 하자. 해야 되니까 대충 하지 뭐. 빨리 끝내자. 그냥 하기만 하면 되지. 시간이나 때우자.'

대충한다는 건 지금 내가 하는 일에 에너지의 전부(100%)를 쓰는 게 아니라 조금만 쓰는 것이다. 에너지는 마음이 있는 곳으로 흐르고, 마음이 있는 곳에 에너지가 모인다. 대충 할 때는 마음이 다른 데 가 있기 때문에 에너지가 자연스럽게 다른 데로 흩어진다. 에너지가 흩어지는 쪽, 무질서한 쪽, 엔트로피가 증가하는 쪽으로 가는 것은 자연의 법칙이다. 그렇기 때문에 대충 하는 것은 쉽다. 전혀 어렵지 않다.

반면 다~해서 하려면 흩어지려는 에너지를 모아야 한다. 다른 곳으로 가려고 하는 마음을 여기에 붙잡아 놓아야 한다. 그렇기 때문에 다~해서 하는 것은 쉽지 않다. 의식해야 하고 능동적인 집중을 해야 한다. 꺼져 있는 전두엽을 켜야 한다.

'일하냐?' '어, 일해.'

자주 하는 말인 '일한다.'의 의미는 무엇일까?

대충 하는 게 아니라 에너지를 여기에 다(100%) 모아서 하는 것이 일을 하는 것이다. 일을 한다고 하면서 마음이 다른 곳에 가 있고 대충하고 있다면, 그냥 자연스럽게 에너지가 흩어지도록 놔두고 있다면, 이건 일을 하는 것이 아니다.

'너 일하고 있냐?'를 영어로 하면 'Are you working?'이다. 여기서 'work'라는 단어는 '일'이라는 뜻도 있지만 '작품'이라는 뜻도 있다.

'일한다'의 진짜 의미는 대충하는(에너지를 흩어지게 쓰는) 것이 아니라,

에너지를 다~해서 정성껏 하는 것이다. 예술가들이 작품을 만드는 경우를 예로 들 수 있다. 대충 하면 작품을 만들 수 없기 때문에 예술가는 자신의 모든 것을 쏟아 부어 작품을 만든다. 그렇게 만들어야 작품이 되고, 그렇게 만든 것을 작품이라고 한다.

'일을 한다'는 것과 '작품을 만들고 있다'는 것은 같은 말이다. 그러니 우린 '일' 속에서 '작품'의 의미를 맛보아야 한다. 지금 하는 일에 마음을 다~해야 한다. 마음을 다른 곳으로 보내지 말고 지금 여기에 쏟아 부어야 한다.

'나는 지금 작품을 만들고 있어. 이 일을 하면서(혹은 하고 나서) 어떻게 하면 와우(Wow!)를 외칠 수 있을까? 와우를 외치지 못했다면 왜 그런 것일까?'와 같은 질문들을 일상의 순간순간에 꽂아야 한다. (※ 『와우 프로젝트』책을 권한다.)

에너지를 어디에 **몇 퍼센트**나 쓰며 사는가?

이 부분을 쓰는 것은 솔직히 조심스럽다. 글을 쓴다는 것은 작가의 삶을 쓰는 것인데, 내가 그런 삶을 살지도 못하면서 글로 쓴다는 것은 독자를 우롱하는 행위라고 생각하기 때문이다. 하지만 이 부분을 안 쓰면 안 될 것 같다. 그냥 이 부분은 나 자신에게 하고 싶은 말이니 젊음을 간직하고 사는 여러분이 넓은 아량으로 이해해주길 바란다.

'난 내가 진정 하고 싶은 일에 몇 퍼센트의 에너지를 쓰며 사는 걸까? 안 해도 되는 일, 전혀 도움이 되지 않는 일, 시간 낭비만 되는 일에 많은 에너지를 쓰고 있는 것은 아닐까? 업무가 많다는 핑계 속

에 내가 하고 싶은 일에 에너지를 거의 안 쓰는 건 아닐까?'

가끔씩 지칠 때가 있다. 나도 모르는 사이에 기운이 빠져나가 소진된 느낌이 들 때가 있다. 할 일들이 산적해 있는데 미리 겁부터 먹고 걱정하고 있을 때도 있다. 하루라는 삶에 꿈을 녹여내지 못한 채 길을 잃고 살 때도 있다.

작년에 방황하는 6학년 아이들을 보며 마음이 안타까워 '내 생애 최초의 프로젝트'(줄여서 '내최프')를 기획했다. '내최프'는 이 책의 내용을 기본적인 바탕으로 깔아서 만든 프로그램으로, 전두엽이 꺼진 아이들이 전두엽을 켜고 살 수 있도록, 생각을 '안' 하는 존재에서 '하는' 존재가 되도록, 꿈 없이 사는 것이 아니라 꿈을 찾아 살도록 하기 위한 목적으로 만들었다.

'내최프'를 기획하기 전까지 나름 이런저런 활동을 아이들과 해보긴 했지만 체계적이지 못했고 부족한 부분도 많았다. 하지만 책과 같이 살면서 쌓인 내공과 책 한 권을 쓴 경험 등이 있어서인지 내 스타일대로 하나의 프로그램을 만들 수 있겠다는 자신감이 있었다. 그래서 '지금까지 나의 모든 걸 녹여내서 제대로 만들어보자! 아이들에게 줄 수 있는 최고의 선물로 만들자!' 마음을 먹고 몇날 며칠 머리가 터질 듯한 경험을 해가며 만들었다. 시간상 7일차 내용으로 구성했고, 두 그룹으로 나누어 총 두 번 '내최프'를 안내했다.

아이들의 소감을 잠깐 살펴본다.

'내가 여행을 갔다 왔는데! 다른 여행들과는 색다른 최고의 여행이었어. 프로포즈를 받은 듯한 설렘과 무엇이든 가능할 수 있게 만드는 용기를 얻을 수 있었어. 너도 한 번 여행을 떠나 봐.' –별

'13년 살면서 진짜 난 정말 무감각하게 살고 있었다. 듣는 것에 마침표를, 보는 것에 마침표를, 생각하는 것에 마침표를 찍으며 살았다. 솔직히 6학년이 되기 전에는 살면서 한 번도 물음표를 꽂아 본 적이 없는 것 같다. 6학년이 되어서 물음표를 꽂아보았다.' –설렘

'나는 지금까지 '너의 꿈이 뭐니? 장래 희망이 무엇이니?' 그렇게 물으면 그냥 없다고 하거나 의사, 간호사 이런 것, 뭔가 모범적으로 보이기 위해 대답했다. '내가 하고 싶은 일은 무엇일까?' 그런 생각을 몇 번 해 본 적도 있었지만 그 물음표는 금방 사라지고 신경 쓰지 않게 되었던 것 같다. –안녕

아이들의 소감을 읽으며 '이런 경험을 했구나. 아이들에게 인생에서 작은 점 하나는 찍어줬구나! 아이들에게 주고 싶은 선물이 제대로 전달됐구나! 내가 만들었지만 이 프로젝트 정말 좋다!'

고마움과 뿌듯함을 만날 수 있었다. 하지만 아쉬운 것도 있었다. 처음 '내쵸프'를 기획할 때 초등 6학년부터 일반인을 대상으로 해서 만들었기에 초등 6학년, 그것도 내가 만나는 소수의 아이들과만 프로젝트를 한다는 것이 너무 아까웠다. '더 많은 사람들과 함께 할 수 있다면 좋을 텐데…'라는 아쉬움이 가득했다.

그래서 올해의 목표 두 가지를 책 출간과 중고생, 대학생, 일반인

에게 '내쵸프' 안내하기로 정했다.

올해의 두 가지 목표를 이야기한 이유는 '에너지를 몇 퍼센트 쓰며 사는가? 에너지를 어디에 쓰며 사는가?'에 대해 나누고 싶어서이다.

이 책이 이렇게 태어날 수 있게 된 것은 책 출간을 위해 내 에너지를 쏟아부었기 때문이다. 잠을 자거나 다른 것을 하는데 에너지를 줄이고, 책을 쓰는데 에너지를 썼다. 아침 일찍 일어나는 것과는 전혀 상관없이 살던 내가 새벽 4시에 일어나기 시작했다. 초고를 완성하기까지 100일 동안은 매일 새벽 3시에 일어났다. 하지만 이렇게 에너지를 쏟은 것이 갑자기 된 것은 아니다.

'책을 써야겠다. 이러이러한 내용으로 써야지.'라고 생각하고 구상했던 기간이 최소한 6개월이다. 조금씩 *끄적끄적* 거리던 기간도 최소 3개월. 하지만 그 기간 동안 제대로 책을 썼느냐? 전혀 그렇지 않다. 만약 그대로 계속 살았다면 이 책은 절대 태어날 수 없었을 것이다. 그 당시에 난 책을 쓰는 데 내 에너지의 10%나 썼을까? 나머지 90%는 안 해도 되는 다른 것들을 하느라 에너지를 쓰고 있었다.

다른 데 쓰던 에너지를 책으로 쏟게 된 계기는 '꿈에 대해 아이들에게 말하는 너는 과연 꿈과 같이 살고 있느냐?'라는 물음표가 내 가슴을 꿰뚫는 순간부터였다. 그렇게 꽂힌 물음표를 계속 만나 가다 보니 물음표의 압력이 차서 어느 순간 '느낌표'로 바뀌게 되었다.

'아~ 이 책을 내가 써야 되는구나! 지구별 여행을 하면서 내가 꼭 해야 하는 일이구나! 나의 사명이구나! 사람들을 위해 사랑을 가득 담아 정성껏 작품을 만들자! 내가 안 하면 안 되는 일이다!'

그저 머리로 생각만 하고 종이에 써놓기만 했던 '하고 싶었던 일'
이 '해야 하는 일'로 변하는 순간이었다. '내가 해야 되는 일이구나!'
라고 느낌표가 찍힌 바로 다음날부터 난 새벽 3시에 일어나기 시작했
다. 아니 일어나지 않으면 안 됐다.

그대도 하고 싶은 일을 찾아 도전해라. 작든 크든 상관없다. 도
전을 해야 에너지가 흩어지지 않는다. 도전해야 살아 있음을 만날 수
있다.

4. 책과 같이 살아라!

걷고, 이야기하고, 먹고, 차를 마시고, 사람을 만나고, 시장에 가
는 모든 것.

뺨에 스치는 바람을 느끼고, 시끄러운 자동차 소리를 듣고,

친구와 악수를 하면서 감촉을 전하는 것, 이 모든 것이 수행이며
'만남'이다.

순간순간 우리의 마음을 열어주는 모든 것,

이것이 바로 '만남'이다. - 『만행, 하버드에서 화계사까지』 첫 장

* '만행'이라는 단어를 '만남'으로 바꾸었다.

삶은 만남으로 가득 차 있다. 지금 이 순간 나는 무엇인가와 만나
고 있다. 내 눈으로 보이는 것, 내 귀로 들리는 것, 내 감촉으로 느끼

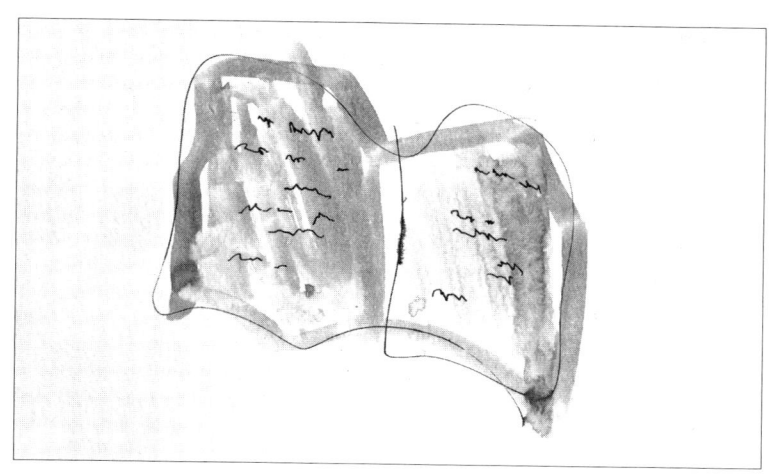

는 것, 내 코로 들어오는 숨, 내 손 끝, 발 끝, 이렇게 오감으로 만나는 것 말고도 내 기분, 생각, 마음, 느낌과도 만나고 있다. 이처럼 순간순간이 만남으로 꽉 차 있다. 삶은 만남의 연속이다.

내공 측면에서 보면 만남은 크게 두 가지가 있다. 내공이 '쌓이지 않는' 만남이 있고, 내공이 '쌓이는' 만남이 있다. 무엇을 어떻게 만나느냐가 내공이 쌓이느냐 그렇지 않느냐를 결정짓는다. 여기서는 내공을 쌓을 수 있는 만남에 대해 이야기하려고 한다.

방긋 웃고 있는 아기를 보면 내 의식 수준이 어떻든지 간에 아기의 의식 수준이 만든 에너지장에 접속이 되어 나도 모르게 마음의 평화와 사랑을 느끼게 된다. 의식 수준이 높은 사람을 만날 때, 그런 사람의 강연을 듣거나 모임에 참석했을 때, 의식 수준이 높은 책을 읽을 때도 높은 수준의 에너지장에 들어가게 된다.

높은 의식 수준이 만들어내는 에너지장에 접속되어 있는 동안에는 내 의식 수준 또한 높아지게 된다. 그러니 내공을 쌓는 최고의 방법은 의식 수준이 높은 사람을 만나는 것이다. 한 두 번이 아니라 지속적으로 만나는 것이다. 달리 말하면 그 사람과 같이 '사는' 것이 내공을 쌓는 최고의 방법이다.

같이 사는 것이 최고의 방법이라는 것을 우리 선조들은 알고 있었다. 그래서 예부터 어떤 분야에서 자신이 찾던 선생님을 만나면 다 버리고 선생님을 직접 찾아가 같이 살았다. 다 배울 때까지 선생님과 함께 살았다.

같이 산다는 것은 똑같은 시간과 공간 속으로 들어간다는 것이다. 선생님이 가진 의식 수준의 장으로 내가 들어가는 것이다. 내 의식 수준이 아닌 선생님의 의식 수준에 접속해서 사는 것이다. 이렇게 같이 살면 그 의식이 만들어내는 에너지장이 나에게도 형성된다. 처음에는 선생님의 영향으로 그렇게 되다가 어느 정도 지속되어 나에게 내공이 쌓이면, 따로 독립해서 그런 에너지장을 형성할 수 있는 수준이 된다.

그런데 같은 시공간에서 사는 것이 옛날에는 가능했지만 지금은 현실적으로 거의 불가능하다. 예를 들어 내가 존경하는 분, 닮고 싶은 분이 있다고 해도 같이 살 수 있을까? 안 된다. 이미 이 세상에 안 계시면 불가능하고, 혹 살아계신 분이라 해도 여러 상황을 다 따져봐야 하기 때문에 같이 사는 것은 어렵다. 가끔씩 그분의 강연이나 정기 모임 등에 참석할 수는 있겠지만 그것도 잠깐이다.

공자와 삼각김밥을 먹다

그렇다면 방법이 없을까?

　있다. 그것은 바로 책을 만나는 것이다. 책을 만나는 순간 같이 살 수 있게 된다. 책을 만나면 시간과 공간이라는 벽을 뛰어넘어 '같이 사는 것'이 가능해진다.

　예를 들어 3000년 전 공자와 같이 사는 것이 가능할까? 책을 만나지 않고서는 불가능하다. 그때로, 그 공간으로 가는 방법은 책을 만나는 길밖에 없다. 책을 만나는 순간, 지금 여기라는 시공간에서 공자를 만날 수 있다. 공자가 살던 3000년 전으로 내가 갈 수도 있고, 내가 사는 2000년대로 공자가 올 수도 있다. 공자뿐이겠는가? 세종대왕, 정조, 정약용, 이이, 맹자, 소크라테스, 플라톤, 스티브 잡스 등 수 없이 많다.

　책을 쓸 때는 자신이 말하고자 하는 모~든 것을 녹여내 심혈을 기울여 쓴다. 그렇기 때문에 책을 만난다는 것은 그 사람의 정신을 만나는 것이고, 그 사람의 의식을 만나는 것이다. 그 사람의 내공[의식 수준]이 만들어내는 에너지장에 접속하는 것이다. 그러니 책을 만나야 한다. 아니 책과 같이 살아야 한다. 같이 살아야 내공 쌓기가 가능해진다.

1년 365일 책을 읽으면 '뇌'가 달라진다

'하루에 한 권씩 1년 365권 책을 읽어라.'라고 작가 이지성은 말한다. 이 말에 녹아 있는 의미는 과연 무엇일까?

'나는 책을 하루에 조금씩 읽을래. 시간 나면 읽을래.' 이런 마음가짐으로 책을 읽으면 책을 안 읽게 된다. 책을 읽으려면 흩어지려는 에너지를 모아야 한다. 그런데 이 말은 에너지를 모을 수 없는, 흩어지도록 하는 결심⑦이기 때문에 자연스럽게 에너지가 흩어지게 되고 책은 안 읽게 된다. 그러니 마음가짐을 달리해야 한다.

'하루에 한 권씩 1년 365권 책을 읽어야지!' 이건 에너지를 모아야만이 할 수 있는 결심이다. 하루에 한 권을 읽으려면 정말 틈 날 때마다 책을 펼쳐 들어야 한다. 화장실을 갈 때든, 자판기 커피를 기다릴 때든, 버스를 타든, 지하철을 타든, 승강기를 기다리든, 뭘 할 때든, 조금이라도 틈이 나면 책을 펼쳐들어야 한다. 그래야 하루에 한 권의 책을 읽을 수 있다.

그럼 여기에 녹아 있는 의미는 무엇일까? 1년 365일 하루도 빠짐없이 책을 읽는다고 했을 때 365권을 읽었느냐 못 읽었느냐가 중요한 것은 아니다. 상황에 따라서 하루에 한 권 읽는 것이 어려울 때도 많다. 하루도 빠짐없이 책을 읽었지만 1년 뒤에 봤더니 200권을 읽었다고 해 보자. 책의 권수와 상관없이 이 사람은 1년 365일 하루도 빠짐없이 책이 가지고 있는 에너지장에 들어가서 살았다. 1년을 책과 같이 산 것이다.

그럼 이 사람의 의식 수준은 어떻게 될까? 1년을 하루도 빠짐없이 높은 의식 수준이 만들어내는 에너지장 속에서 살았으니 예전 그대로일 수가 없다. 이 사람의 생각 수준이 바뀌고 의식 수준이 바뀐다. 스스로 만들어내는 에너지장이 바뀐다. 부정적인 마인드가 지배했던 이 사람에게 긍정의 마인드가 생기게 된다. 그렇게 되는 이유는 바로 뇌가 자주 접한 자극이 긍정적이었기 때문이다. 외부 환경자극을 먹고 자라는 뇌에게 하루도 빠짐없이 의식 지수 300 이상의 좋은 것을 주면, 긍정의 신경회로가 새롭게 생기게 되고, 그 길이 넓어지면서 굳은 신경망이 된다.

이 사람이 1년을 그렇게 살았다. 그 에너지장에서 하루도 빠짐없이 살며 경험한 그 무엇이 있다. '아~ 이런 거네? 이런 거구나!' 자기도 모르는 사이에 자기의 내공이 쌓여간다. 자기도 모르는 사이에 혁명이 일어나고 있다. '내가 이렇게 컸구나!'를 스스로 알아차린다. 그러니 이제는 책을 읽지 말라고 해도 읽게 된다. 책 읽는 맛과 위력을 알기 때문이다. '당신이 무인도에 간다면 무엇을 가져가겠느냐?'라고 물으면 이 사람은 책을 가져간다고 대답할 것이다. 딱 한 권만 가져갈 수 있다고 한다면 인문 고전을 가져갈 것이다.

책과 같이 살면 뇌가 바뀐다. '뇌'가 바뀌면 '내'가 바뀐다.

운동을 하면 심장이 변하고 팔다리 근육이 변한다. 뇌도 마찬가지다. 우리가 무엇을 듣고, 무엇을 하고, 무엇을 생각하느냐에 따라 뇌 세포가 변한다. 한없이 자극이 많은 환경에 노출되면 어떻게 될까? 아침에 일어나서 별 의미 없이 틀어놓은 TV를 보면서 밥을 먹고, 엘리베이터를 타서도 한쪽 구석에 번쩍거리는 TV를 본다. MP3를 들으면서 지하철을 타면 여기저기 번쩍거리는 화면에 자기도 모르게 시선을 뺏긴다. 자가용을 운전하는 사람들도 라디오를 듣다가 휴대전화 문자가 오면 운전 도중 메시지를 보낸다. ─『앞쪽형 인간』

　　책과 같이 살면 책이 가진 의식 수준이 만들어내는 에너지장, 새롭게 알게 된 지식과 지혜, 자신을 향한 다짐, 새로운 생각 등 책이 만들어내는 자극에 노출되기 때문에, 뇌는 그에 맞게 반응을 한다. '낯선 것과의 조우를 통해 이성이 시작된다.'는 하이데거의 말과 일맥상통한다. 전두엽은 당연히 켜지게 된다.

내가 **책**과 같이 살며 **경험한 것**

내 경험을 잠깐 이야기해보면 처음 『리딩으로 리드하라』를 만났을 때 '아~ 진짜 미치겠네!'가 나의 첫 반응이었다. 나에겐 너무나 쇼킹하고 충격적이었다. 그래서 이지성 작가의 책을 전부 다 읽었다. 그러면서 자기계발 책도 함께 만나기 시작했다. 하루도 빠짐없이 책을 만나갔다. 틈만 나면 손에 책을 잡았다. 둘째 아이가 태어나는 상황에서도 책을 잡았다. 사랑하고 사랑하는 여신님이 책 좀 그만 보라고 할 때도 책을 봤다. 그렇다고 육아를 게을리 한 건 아니다. 아이들이 깨어 있는 시간에는 아이들과 늘 함께 했다. 책을 읽기 위해 아이들이 잠든 시간인 새벽에 나만의 시간을 만들어 책을 만나갔다.

　　아이들을 재우면서 같이 자고, 나는 새벽에 일어난다. 새벽에 일어난다는 것이 나에겐 정말 혁명이었다. 어릴 적부터 '하루에 10시간은 자야 된다.'는 것이 나의 신조⑦였다. '나는 잠이 많은 사람이야. 잠을 많이 자야 머리가 맑아.'라는 생각을 갖고 살았다. 늦잠 때문에 학교 다닐 때는 늘 지각대장이었다. 그랬던 것이 깨지기 시작했다. 나도 예상하지 못한 삶을 지금 살고 있다. 하루도 빠짐없이 책과 산 것이 2년이 넘었다. 기간은 겨우 그 정도밖에 안 되지만 뭐라 말로 표현할 수 없을 만큼 그 전에 비해 성장했음을 느낀다. 물론 아직도 멀었다.

'하루도 빠짐없이 책을 읽어라.'라고 하면 많은 사람들은 '아~ 그건 힘들어요. 나는 책을 읽을 시간이 없어요.'라는 반응을 보인다. 진짜로 시간이 없을까? 핑계는 아닐까?

툭 까놓고 화장실 갈 때 책 들고 갈 수 있다. 어딜 가든 책을 들고 갈 수 있다. 위험하거나 급한 상황이 아니라면 어디에 있든 책을 만날 수 있다. 스마트폰 대신 책을 들면 한 번에 해결된다. 마음의 문제다. 내 마음에 무엇을 최우선 순위로 놓았느냐의 문제일 뿐이다.

인문 고전은 물음표종 중에서도 최고수가 남긴 기록

'당신에게 가장 필요한 책은 당신으로 하여금 가장 많이 생각하게 하는 책이다.'라는 마크 트웨인의 말에 동감한다. 책을 만난다는 건 내 안에 새로운 물음표를 만난다는 것이다. 여기서 말하는 책은 생각하게 만드는 책, '아~ 이런 거구나!'라는 느낌표와 물음표를 던져주는 책을 말한다. 마침표 자리에 물음표를 꽂게 만드는, 내가 가진 의식보다 좀 더 높은 의식에 접속시켜주는, 새로운 생각들을 만나게 되는, 그런 책을 만나야 한다. 이런 책 중에 검증된 책이 바로 인문 고전이다.

인문 고전은 물음표종 중에서도 최고수가 핵심만을 농축시켜 기록한 것이다. 그 안에는 엄청나게 많은 것이 녹아 있기 때문에 한 번 읽으면 잘 모른다. 두 번 읽어도 잘 모른다. 그래서 인문 고전을 읽는 것이 쉽지 않다. 혼자서는 어렵고 여럿이 모여서 함께 하는 것이 가장 좋다.

아는 만큼 보이고, 아는 만큼 들리고, 아는 만큼 생각하기 때문에, 자기 수준만큼만 볼 수 있다. 처음부터 인문 고전에 덤비는 건 계란으로 바위를 치는 것과 같다. 인문 고전을 읽고 어느 정도 볼 수 있으려면 자기계발 서적을 항상 만나야 하고, 그 만남으로 쌓인 내공이 있어야 한다. 그래야 고전의 내용을 조금씩 알거나 흡수할 수 있고 그러면서 생각하는 수준도 달라진다.

무술을 예로 들 수 있다. 기초 초식밖에 모르는 하수가 고수의 동작을 한 번 본다고 많은 것을 알 수 없다. 고수의 동작 하나에 얼마나 많은 것이 녹아 있는지 못 본다. 자신이 아는 수준만큼만 본다. 하지만 내공이 쌓여갈수록 더 많이 볼 수 있고, 더 많이 보게 될수록 새록새록 다르게 와닿는다.

우리 옛 교육은 인문 고전을 중시하는 교육이었다. 생각을 '하도록' 하는 교육이었고, '사람'이 되고자 공부를 하였다. 그래서 교재로 인문 고전을 사용했다. 그렇게 멋있었던 우리 옛 교육은 전부 사라져 버렸다. 찾아보기 힘들어졌다. 도대체 어디로 간 걸까? 슬프게도 학교 교육은 아직도 인문 고전을 배척하고 있다.

Q 어떤 책을 만나야 하나?

A 아무 책이나 만나면 안 된다. 책마다 가지고 있는 의식 지수

가 다르기 때문에 의식 지수가 낮은 책은 피하고, 높은 책을 만나야 한다. 『독서 천재가 된 홍대리』에도 잘 나와 있지만 자기계발 서적을 하루도 빠짐없이 만나는 것이 중요하다. 이건 무술에서 하는 기초 초식, 가수들의 기본 발성 연습과도 같다. 무술 최고수들도 늘 기초 초식을 하고, 최고의 가수들도 늘 발성연습을 한다. 책도 똑같다. 자기계발 서적은 하루도 빠짐없이 꾸준히 만나야 한다.

솔직히 나는 자기계발 서적을 무시하며 살았다.

'그건 당연한 이야기 아냐? 그런 책을 왜 썼는지 몰라. 교과서 같은 이야기들을 말이야. 내 수준에 그런 책들은 안 읽어도 돼. 자기계발서는 내가 다 아는 내용들이고 그런 책을 읽는 건 시간 낭비고 돈 낭비야.'

이런 자세와 태도가 교만이고 무지였음을 하루도 빠짐없이 자기계발 서적을 만나가면서 알게 되었다. 안다고 생각하는 것과 직접 사는 것은 하늘과 땅 차이임을 절실히 알게 되면서 내 삶의 수준이 얼마나 낮은지 깨닫게 되었다.

자기계발 서적은 의식 지수 최소 310^(자발성) 이상을 다루기 때문에 의식 지수가 굉장히 높다. 그래서 책을 읽어서 접하는 것만으로 이미 그 의식이 만들어내는 에너지장에 들어가게 되고, 부정의 에너지가 긍정의 에너지로 조금씩 채워져 가게 된다. 긍정의 에너지가 채워져 가면서 나도 모르는 사이에 내공이 쌓여간다. 부정적인 의식이 긍정적인 의식으로 바뀌어 간다. 내공이 쌓여 긍정의 에너지가 삶을 가득 채우면 긍정적인 사람이 될 수밖에 없다.

5. 물음표혁명

지금까지 혁명이란 무엇인지와 혁명의 공통점, 당연하다고 마침표를 찍었던 자리에 물음표를 꽂는 것에서 모든 혁명이 시작됐다는 것, 꽂는 물음표의 수준이 높아야 혁명을 계속 진행할 수 있다는 것, 내공이 있어야 한다는 것, 내공은 의식 수준이며 내공을 쌓으려면 흩어지려는 에너지를 모아야 하기 때문에 쉽지 않다는 것, 내공을 쌓아 의식 수준을 높이려면 책과 같이 살아야 한다는 것 등에 대해 알아보았다. 이런 것들을 다룬 이유는 모두 물음표혁명에 대한 이야기를 하기 위해서였다.

그러면 이제 물음표혁명이 무엇이고 어떻게 해야 하는지에 대해 알아보자.

마침표가 아닌 물음표를 꽂는, 전두엽이 꺼지는 것이 아니라 켜지도록 하는, 일상에 미디어 기기가 녹아 있는 것이 아니라 꿈이 녹아 있도록 하는, 온 몸에 부정의 기운이 아니라 긍정의 기운이 흐르도록 하는, 그런 삶을 사는 것이 바로 물음표혁명이다. 삶의 전반을 물음표가 꿰뚫는 삶이 되어 물음표와 느낌표가 살아 숨 쉬도록 하는 것이 물음표혁명이다.

물음표혁명이 일어나야 생각하는 사람이 되어 사람다움을 간직하며 살 수 있고, '나다움'을 꽃 피우며 살 수 있다.

모든 혁명에 목적이 있듯이 물음표혁명에도 목적이 있다.

★ 생각을 '안' 하는 존재가 되어 마치 마침표를 자동으로 찍는 로봇처럼 살았는데, 이제 생각 '하는' 존재가 되어 의식적으로 물음표를 꽂는 사람으로 살기 위해서이다.

★ 전두엽이 꺼진 채 살았는데 전두엽을 켜고 살기 위해서이다.

★ 생각하는 능력을 잠재우고 살았는데 마음껏 발휘하며 살기 위해서이다.

★ 물음표를 먹지 못해 자라지 못하던 생각을 우주만큼 키우기 위해서이다.

★ 꿈 없이 가슴 뜀 없이 살았는데, 꿈을 찾아 꿈을 삶에 녹여내 살기 위해서이다.

★ 밋밋하게 살고 있었는데 행복, 사랑, 감사, 감동, 설렘, 궁금함, 즐거움, 재미로 가득 찬 삶을 살기 위해서이다.

물음표혁명 속에서 산다는 것이 어떤 것인지를 비롯해 구체적으로 물음표혁명을 일상에 녹여내려면 어떻게 해야 하는지에 대해서는 마지막 부분에서 다룬다. 여기서는 다섯 가지를 간단히 언급만 한다.

① 순간순간 물음표를 꽂아 전두엽 켜기

② 책과 같이 살며 내공 쌓기

③ 내감을 만나고 생각을 키울 수 있도록 글똥누기

④ 일상에 꿈을 녹여내 살기

⑤ 내 몸에 긍정의 에너지가 흐르도록 하기 → 그냥 씨~익 웃기
와 만세 삼창 (※ 아래 Q&A 참고)

Q 너무 힘들어서 (혹은 지쳐서) 물음표를 꽂는 것 자체가 버겁게 느껴질 때가 있는데, 그럴 땐 어떻게 해야 하나?

A **그냥 씨~익 웃으면 된다.**

'얼굴에 미소를 짓는 것은 당신 자신이 주인이라는 표시다.'라는 말이 있다. 이 말처럼 그냥 씨~익 웃으면 내가 주인이 된다. 하지만 얼굴에 미소를 잃는 순간 나 아닌 다른 것이 주인이 된다. 얼굴에 미소가 없거나, 무표정이거나, 인상을 쓰고 있다면, 다른 무언가가 주인이라는 표시다.

지쳐 있을 때나 힘들 때는 온몸의 근육이 굳어 있는 상태이다. 몸의 근육뿐 아니라 뇌도 굳어 있는 상태로 전두엽은 당연히 꺼져 있다. 뇌는 모든 근육의 사령탑 역할을 하기 때문에 뇌에서 보내는 명령에 따라 얼굴 표정이 나타난다. 그렇기 때문에 뇌가 굳어 있으면 그 영향으로 얼굴 근육 또한 굳어져 인상을 쓰거나 무표정하게 된다. 이걸 해결하려면 굳어 있는 뇌를 풀어줘야 한다.

굳어 있는 뇌를 풀어주는 가장 좋은 방법은 '그냥 씨~익 웃기'이다. 왜 웃어야 되는지 이유를 찾지 마라. 그런 걸 찾으려다

가는 못 웃는다. 그러니 그냥 씨익 웃어라. 여러 번 그냥 씨익 웃어라. 그렇게 그냥 씨~익 웃으면 얼굴 근육이 풀리면서 그 움직임이 뇌로 연결된다. 그러면 뇌 안의 시냅스들이 움직이면서 뇌가 활기를 되찾게 된다.

또 하나. **만세삼창을 하며 기지개를 쭈~욱 켜라.** 온 몸으로 '만세~!'를 외치는데, 세 번 외친다. 시끄러울 수 있으니 '만세'라는 말은 립싱크를 해도 좋다. 하지만 동작은 제대로 해야 한다. 온몸의 근육이 굳어 수축되어 있는 상태는 부정의 기운이 몸을 지배하고 있는 상황이다. 이대로 가만히 있으면 근육은 굳은 상태로 계속 있고, 부정의 기운 또한 계속해서 나를 지배하게 된다.

이 때 온몸으로 기지개를 쭈~욱 켜면서 만세를 크게 세 번 외치면 수축된 몸이 좌~악 펴지면서 이완된다. 이걸 하는 데는 30초도 걸리지 않는다. 그 짧은 시간 안에 부정적인 기운이 긍정의 기운으로 확 바뀌게 된다. 지금 당장 한 번 해보라. 온 몸으로 기지개를 쭈~욱 켜면서 '만세! 만세! 만세!'

그냥 씨~익 웃기와 만세삼창하며 기지개 켜기를 해 보면 그 맛과 효과를 알게 될 것이다.

Q 물음표혁명을 방해하는 것들이 삶을 둘러싸고 있는가?

A 마침표를 찍도록 하는 것들은 모두 물음표혁명을 방해하는 것들이다. 그런 의미에서 삶을 둘러싸고 있는 거의 모든 것들은 물음표혁명을 방해하고 있다. 크게 보면 사회 구조이고 작게 보

면 TV, 컴퓨터, 스마트폰과 같은 미디어 기기들이다. 두 가지 모두 우리 삶에 깊숙이 침투해 있다.

물음표혁명의 출발점은 집에 있는 미디어 기기를 정리하는 것부터이다. 특히 TV를 치워야 한다. TV를 없애거나, 집에서 제일 좋은 위치에 있는 TV를 다른 곳(구석진 곳)으로 옮겨 놓아야 한다. 스마트폰이나 컴퓨터도 마찬가지다. 삶을 풍요롭게 하는 측면에서만 사용하고 그 외에는 사용하지 않아야 한다.

그런데 이것이 쉽지 않다. 에너지 법칙이 그대로 적용되기 때문에 흩어지려는 에너지를 모아 쏟아야 가능하다. 그렇기에 내 삶에 혁명을 일으키려면 일상을 '작품' 해야 한다.

6. 『대학』이 말해주는 물음표혁명

며칠을 고민하고 생각해도 한 문장도 써지지 않는 그런 고통의 순간을 경험하던 때, 하도 답답해서 머리를 식힐 겸 책꽂이에 꽂혀 있던 『대학』을 집어 들었다. 그런데 답답했던 마음이 감탄과 감격 그리고 놀람으로 바뀌기 시작했다. 『대학』이 '물음표혁명'을 설명하고 있었기 때문이다.

『대학』원문과 번역본을 옮겨보겠다.

古之欲明明德於天下者는 先治其國하고 欲治其國者는 先齊其家하고 欲齊其家者는 先修其身하고 欲修其身者는 先正其心하고 欲正其心者는 先誠其意하고 欲誠其意者는 先致其知하니 致知는 在格物하니라.

(※ 고지욕명명덕어천하자는 선치기국하고 욕치기국자는 선제기가하고 욕제기가자는 선수기신하고 욕수기신자는 선정기심하고 욕정기심자는 선성기의하고 욕성기의자는 선치기지하니 치지는 재격물하니라.)

→ 예전에 온 세상에 밝은 덕을 밝히고자 한 사람은 먼저 자신의 나라를

다스렸다. 그리고 자신의 나라를 다스리고자 하는 사람은 먼저 자신의 집안을 반듯하게 하였다. 자신의 집안을 반듯하게 하고자 하는 사람은 먼저 자신의 몸을 바르게 하였다. 자신의 몸을 바르게 하고자 하는 사람은 먼저 자신의 마음을 바로잡았다. 자신의 마음을 바로잡고자 하는 사람은 먼저 자신의 의지를 성실하게 하였다. 자신의 의지를 성실하게 하고자 하는 사람은 먼저 자신의 앎을 극한까지 확충시켰다. 그와 같은 앎의 확충은 사물을 탐구하는 데서 시작한다.

物格而后에 知至하고 知至而后에 意誠하고 意誠而后에 心正하고 心正而后에 身修하고 身修而后에 家齊하고 家齊而后에 國治하고 國治而后에 天下平이니라. (※ 물격이후에 지지하고 지지이후에 의성하고 의성이후에 심정하고 심정이후에 신수하고 신수이후에 가제하고 가제이후에 국치하고 국치이후에 천하평이니라.)

→ 사물을 탐구한 후에 앎에 도달한다. 앎에 도달한 뒤에 의지가 성실하게 된다. 의지가 성실하게 된 뒤에 마음이 올바르게 된다. 마음이 올바르게 된 뒤에 몸이 바르게 된다. 몸이 바르게 된 뒤에 집안이 반듯해진다. 집안이 반듯해진 뒤에 나라가 다스려진다. 나라가 다스려진 뒤에 온 세상이 태평해진다. -『대학』제1장

격물치지성의정심수신제가치국평천하(格物致知誠意正心修身齊家治國平天下).

이것은 『대학』에서 말하는 8조목이다. 우리에겐 '수신제가치국평천하'라는 말이 익숙하지만 그 전에 '격물(格物)치지(致知)성의(誠意)정심(正

心)'이 있다. '격물치지성의정심'은 '수신'을 이루기 위해 필요한 네 가지 조목이다.

이제 『대학』과 물음표혁명이 어떻게 연결되는지 살펴보자.

『대학』에서 말하는 8조목을 순서대로 나타내면 격물 → 치지 → 성의 → 정심 → 수신 → 제가 → 치국 → 평천하이다. 무엇이든 첫 출발점이 중요한데, 대학은 첫 출발점이 사물을 탐구하는 격물에 있다고 말한다.

격물치지(格物致知) : 사물을 탐구하여 앎을 극한까지 확충한다.

격물은 사물의 이치를 알고자 깊이 탐구하는 것으로 궁리(窮理)와 비슷한 말이다. 사물 속에 녹아 있는 이치를 찾아내는 것을 말한다. 그런데 사물에 녹아 있는 이치를 알려면 마침표를 찍으면 안 된다. 마침표를 찍으면 전두엽이 꺼지고 거기서 끝나기 때문이다. 물음표를 꽂아야 탐구를 시작할 수 있고 본격적인 탐구를 할 수 있다.

격물은 사물에 마침표가 아닌 물음표를 꽂는 것이다. 한두 번이 아닌 꼬리에 꼬리를 물고 계속해서 물음표를 꽂는 것이다. 물음표를 계속 꽂는 격물을 하면, 무엇인가를 알게 되는 치지를 경험하게 된다는 것이다. 즉 격물치지는 '네가 지금 보고 있는 것에 마침표를 찍지 말고 거기에 물음표를 끊임없이 꽂아!'라는 말이다.

예를 들어 지나가는 버스를 봤다. 그러면 습관적으로 '저기 버스다. 버스 간다.'가 끝이다. 사물을 보면 마침표를 찍고서 그냥 끝낸다.

그런데 격물치지는 이렇게 마침표를 찍어 끝내지 않고, 물음표를 꽂는 데서 시작해서 계속 물음표를 꽂는다.

'버스 ? 버스는 어떤 원리로 움직일까 ? 왜 바퀴는 네 개일까 ? 네 개가 아니면 안 될까 ? 저 큰 것을 움직일 수 있도록 하는 힘은 뭐지 ? 어디서 어떻게 그런 힘을 만들어 내는 걸까 ? 빵빵하는 경적소리는 어떻게 날까 ? 살짝 누르기만 했는데 어떻게 큰 소리를 낼 수 있을까 ? 문은 어떻게 자동으로 열리지 ? 엔진은 어떤 원리를 이용해 만든 것일까 ? '

이처럼 꼬리에 꼬리를 물고 물음표를 꽂는 것이 격물치지이다. 생각은 물음표를 먹고 자라기 때문에 격물치지를 하면 생각이 깊어지고 넓어지게 된다. (※ 격물치지를 하는 구체적인 방법을 이 책에서는 다루지 않는다.)

성의정심(誠意正心) : 의지를(뜻을) 성실히 하고 마음을 올바르게 한다.

뜻이 있는 곳에 마음이 있고, 마음이 있는 곳으로 에너지가 모인다. 하지만 뜻이 없는 곳에는 마음도 없고, 마음이 없는 곳으로는 에너지도 흐르지 않는다. 뜻, 마음, 에너지는 엔트로피 법칙이 적용되기 때문에 가만히 놔두면 흩어지려고 한다. 성의정심은 이걸 지켜주는 방법이다.

즉 성의정심은 에너지가 흩어지도록 가만히 놔두는 것이 아니라 좋은 방향으로, 긍정의 기운으로, 높은 의식 수준으로 에너지를 모으는 것을 말한다. 뜻을 성실히 하고 마음을 바르게 하는 것은 에너지를 모아야 가능하다. 앞에서 말한 내공 쌓기를 말한다. 전두엽을 켜야만 가능하다. 미디어 기기와 같이 에너지가 자연스럽게 흩어지도록 하는 (혹은 내공이 쌓이지 않도록 하는) 만남이 아닌 내공을 쌓아주는 책을 만나야 한다. 성의정심을 해야 내공을 쌓을 수 있고 의식수준을 높일 수 있다.

수신제가치국평천하(修身齊家治國平天下) : 자신의 몸과 마음을 바르게 한 사람만이 가정을 다스릴 수 있고, 가정을 다스릴 수 있는 자만이 나라를 다스릴 수 있으며, 나라를 다스릴 수 있는 자만이 천하를 평화롭게 다스릴 수 있다.

수신은 단순히 몸을 바르게 하는 것을 말하는 게 아니라 내 삶에 혁명이 일어난 것을 말한다. 즉 수신제가는 나에게 혁명이 일어나면 자연스럽게 가정에도 혁명이 일어난다는 것이다. 가족 중 다른 사람 (아내, 남편, 부모님, 자식, 형제, 자매)이 아닌 바로 '나'에게 혁명이 일어나야 가정에 혁명이 일어난다는 것이다. 수신이 안 되면, '나'에게 혁명이 없으면, 가정에 혁명이 일어나는 제가는 꿈꿀 수 없다.

제가는 가정에 혁명이 일어난 것을 말한다. 즉 '제가치국'은 가정에 혁명이 일어나면 자연스럽게 대한민국에도 혁명이 일어난다는 것이다. 한 나라의 기본 단위인 가정에 혁명이 일어났는데 어떻게 대한민국에 혁명이 안 일어날 수 있겠는가? 하지만 가정에 혁명이 없으면 대한민국에도 혁명은 없다.

치국은 대한민국에 혁명이 일어난 것을 말한다. 치국평천하는 대한민국에 혁명이 일어나면 자연스럽게 지구별에도 혁명이 일어난다는 것이다.

08

글똥누기

Chapter 08 | 글똥누기

'마침표만 찍으며 살고 있구나. 마침표가 내 삶을 결정짓고 있구나. 난 어쩌다 마침표종이 된 걸까? 어릴 적 넘쳐나던 물음표는 어디로 사라진 것일까?'

내 모습을 보며 참 슬프고 억울했다. 그래서 묻기 시작했다.

'마침표만 찍는 것이 습관이 되었지만 내가 원하는 것은 마침표가 아니라 물음표를 꽂는 것이다. 물음표종이 되려면 어떻게 해야 할까? 잠자는 물음표를 깨우려면, 사라진 물음표를 찾으려면 어떻게 해야 할까? 무엇부터 시작해야 할까?'

방법을 찾아보기 시작했다.

'그래, 외감 중에서 내가 보는 것에 물음표를 꽂고, 내감도 잘 알아차려서 물음표를 꽂아 보자! 마침표가 아닌 물음표를 꽂자!'

앞부분에서 말한 것처럼 '물음표 레이저'를 쏘기 시작했다. 마침표 레이저만 쏘다가 물음표 레이저를 쏘기 시작하니 모~든 것이 새롭게 다가왔다.

예전 같았으면 방을 비추고 있는 전등(삼파장)을 볼 때 습관적으로 마침표를 찍기 때문에 뇌가 아무런 반응을 보이지 않았는데(전두엽이 꺼져 있었는데), 물음표를 꽂겠다고 마음먹자 '어? 전구는 어떤 원리로 빛을 만들어낼까? 삼파장등과 형광등, 백열등의 차이는 뭐지? 필라멘트는 모든 전구에 있는 건가? 스위치만 눌렀을 뿐인데 어떻게 불이 켜지지? 전구가 수명이 다하는 건 무엇 때문이지?'

엘리베이터 버튼을 누르면서도 '5층을 누르면 어떻게 그 위치에 딱 맞춰 서는 걸까? 자동으로 문이 열리고 닫히는 건 도대체 어떻게 하는 거지?'

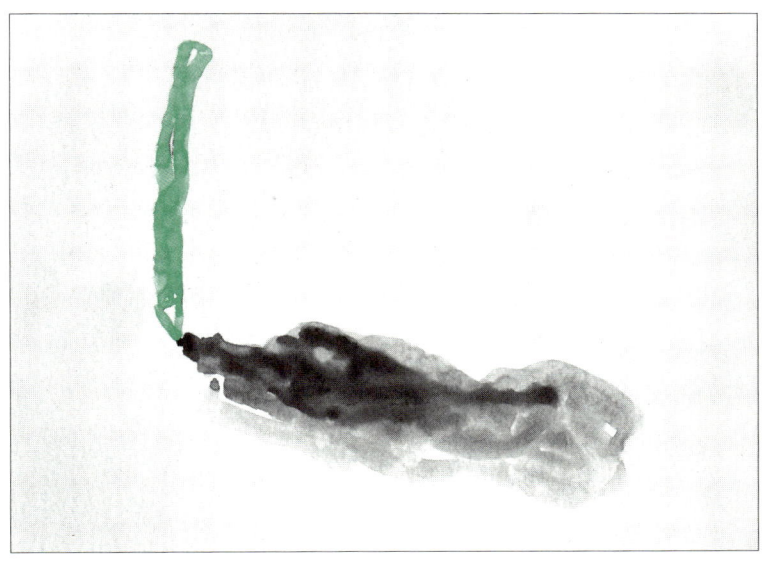

이렇게 눈에 보이는 것에 물음표를 꽂기 시작하자 그 동안 당연하다고 생각했던 것들이 다르게 다가왔다. 며칠을 그렇게 머리에 물음표를 꽂다 보니 '머리로 생각만 하지 말고 노트에 써 볼까?'라는 생각이 들어 노트에 쓰기 시작했다. 궁금한 것들을 그냥 생각나는 대로 썼다. 그렇게 '물음표 노트'를 끄적거리기 시작했다. 그러다 보니 '아~ 이런 단계로 하면 좋겠구나. 이 단계에서는 이런 것들을 경험하는구나!' 이전에는 보이지 않던 것들이 보이기 시작했다.

그렇게 물음표를 어떻게 꽂아가야 하는지에 대해 체계적으로 정리(1단계부터 4단계)를 했다. 하지만 이 부분은 가볍게 다룰 수 있는 내용도 아니고, 십대 학생에게 필요한 부분이기에 십대를 위한 책에서 다룰 예정이다. 서운해 하지 마시길. 대신 여기서는 여러분에게 더 필요할 뿐 아니라 부담 없이 쉽게 즐길 수 있는 '글똥누기'로 안내할 테니까.

1. 글로 똥누기 :
전두엽이 켜지는 글똥누기

첫 시작을 똥으로 해야겠다. 혹시 왜 똥을 누는지 생각해 본 적이 있는가? 똥을 누지 못하면 어떻게 될까? 상상해 본 적이 있는가?

우린 본능적으로 똥을 눈다. 내가 의식하지 않아도 똥이 마려우면 똥을 눈다. 생명활동과 관련된 부분이기 때문에 뇌간이 알아서 처리한다. 이렇게 똥을 누는 이유는 몸이 살기 위해서이다. 죽지 않으려면 똥을 눠야만 한다.

지금부터 내가 말하려는 똥은 몸이 누는 똥과는 조금 다른 똥이다. 바로 글똥!

글똥은 글로 똥을 누는 것이다. 생각과 마음이 받아먹은 것을 글로 똥누는 것이다.

그렇다면 글똥누기는 왜 해야 할까? 생각과 마음을 건강하게 하기 위해서이다. 생각과 마음을 만나 생각은 더 넓게 키우고 마음은 더 맑게 하기 위해서이다.

가장 편안함을 느끼는 장소가 화장실이라고 한다. 화장실 문을 닫는 순간 새로운 시간과 공간을 만난다. 앉아서 똥을 누는 시간은 홀로 있는 시간이면서 마음의 편안함과 쉼을 얻을 수 있는 힐링의 시간이다. 글똥누기도 마찬가지다. 글로 생각을 끄적거리는 순간이 똥을 누는 순간이다. 화장실에서 똥을 누는 시간이 힐링의 시간이듯 홀로 글똥누기를 하는 시간도 힐링의 시간이 된다. 또한 글똥누기를 하면 마음이 편안해지고 집중을 하게 되기 때문에 전두엽이 켜지게 된다.

'꼭 글로 끄적거려야 되나? 글로 끄적거리지 않아도 될 것 같은데…' 글똥누기를 안 해봤으면 이런 반응을 보일 수 있다.

생각을 글로 끄적거리는 것이 글똥누기이다. 글로 끄적거리든 끄적거리지 않든 생각을 할 수는 있다. 하지만 끄적거리지 않고 생각하는 것과 끄적거리며 생각하는 것에는 큰 차이가 있다.

어떤 생각이 떠올랐을 때 그 생각을 '씨앗'이라고 비유해보자.

글로 끄적거리는 것은 그 씨앗을 땅 속에 심는 것과 같다. 생각이라는 씨앗을 땅에 심었기 때문에 씨앗이 뿌리 내릴 수 있고 자랄 수도 있다. 이 씨앗은 물음표를 먹고 자라는데 글로 끄적거리면 끄적거릴수록 물음표라는 영양분이 공급된다. 그렇게 계속 끄적거리면 작았던 생각이 자라 더 커지게 된다. 잘 만나지 못했던 내감의 껍질을 하나하나 벗겨가게 되어 알맹이를 만날 수 있게 된다.

또한 글로 끄적거리는 것은 시각과 촉각 그리고 생각이 만나 하나가 되어야 가능하다. 적당한 장소를 정해 그 자리에 앉아야 가능하다. 끄적거리기는 에너지를 모아주고 오감이 흩어지지 않게 해 준다. 생각에 집중해야 하기 때문에 꺼져 있던 전두엽이 켜지게 된다.

그러므로 반드시 글로 똥을 눠야 한다. 글똥누기는 출발점인 동시에 완성점이다.

글로 끄적거려야 한다고 하면 '에이~ 귀찮아.' 와 같은 반응을 보이는 사람이 있다.

'에이~ 쓰기 귀찮아 $\boxed{.}$ '

이렇게 마침표를 찍으면 여기서 끝이지만 물음표를 꽂으면 여기서 시작이 된다.

'쓰기 귀찮아 $\boxed{?}$ 왜 귀찮아할까 $\boxed{?}$ 정말 귀찮은 일일까 $\boxed{?}$ 한번 해볼까 $\boxed{?}$ 쓰기 싫어하는 진짜 이유는 무엇일까 $\boxed{?}$ '

귀찮아하는 이유는 엔트로피 법칙이 설명해주고 있다. 귀찮다는 것은 에너지를 모으기 싫다는 것이고, 하기 싫어서 가만히 놔둔다는 것이다. 가만히 놔두면 에너지는 흩어지게 되어 있으니 발전도 성장도 없다. 에너지는 가만히 놔두면 무질서한 방향으로 흐른다. 내공을 갉아먹거나 퇴보시키는 방향으로 간다. 가만히 놔두면 게을러지고, 시간을 낭비하게 되고, 대충 살게 된다. 자연스럽게 그런 쪽으로 에너지가 흘러가게끔 되어 있다. 그게 바로 엔트로피 법칙이다.

지금 당장(혹은 오늘) 노트를 하나 준비해라. 집에 노트가 있으면 그 노트로 하면 된다. (※ 나는 주로 중고등학생용 무제노트를 사용한다. 가끔 컴퓨터로 글똥누기를 할 때도 있다.)

지금 우리는 물음표혁명을 함께 할 '글똥누기 노트'를 처음 만난 것이다. 노트를 마련했으면 노트에 이름을 지어줘라. 이름은 '글똥누기 노트, 아이디어 노트, 창작 노트, 끄적이, 세종대왕 따라하기, 스티브 잡스라면?' 과 같이 마음에 드는 단어나 문구를 붙일 수도 있고, 좋아하는(혹은 존경하는) 사람의 이름이나 행동을 붙일 수도 있다. 그렇게 맘에 드는 이름을 지었으면 노트 표지에 이름을 쓴다. 재미있게 꾸며도 된다. 이름을 썼으면 노트의 첫 장을 넘긴다.

첫 페이지에는 글똥누기 노트와의 첫 만남에 대한 느낌과 소감을 쓴다. 나는 보통 날짜를 쓴 뒤 짧게 인사를 한다. (※ 예시 : 2014.7.6. 만나서 참 반가워. 하루하루 미소 지으며 신나게 재미있게 행복하게 만나가자! 잘 부탁해~♥)

노트와 첫 인사를 했으면 이제 마음껏 글로 똥을 누면 된다. 글을 쓰겠다는 마음보다는 화장실에서 똥을 누듯 맘 편하게 똥을 누겠다고 생각해라. 부담 없이, 시원하게!

2. 글똥누기는 이렇게

글똥누기 하는 방법은 Q&A 방식으로 풀어가 보자.

Q 글똥누기를 하는 이유는?

A 글똥누기를 하는 이유는 내감(기분, 느낌, 생각 등)과 외감을 만나기 위해서이다. 잠들어 있는 감각을 깨우기 위해서이다. 또한 꺼져 있는 전두엽을 켜고, 전두엽을 발달시키기 위해서이다. 글똥누기는 생각, 시각, 촉각 등을 하나로 모아주기 때문에 집중을 하게 되고 전두엽은 자연스럽게 켜지게 된다. 또한 글똥누기를 하다 보면 얕은 생각이 아닌 더 깊은 생각과 느낌을 만날 수 있다. 막혀 있는 답답함이 뚫리게 된다.

Q 무엇을 글똥누기 하는가?

A 삶과 동떨어진 것이 아닌 가까운 것에 대해 글똥누기를 한다. 일상을 가득 채우고 있는 외감과 내감을 글똥누기하면 된다. 예를 들면 다음과 같은 것들이다.

★ 내 마음, 기분, 느낌, 생각 (화가 났을 때, 속상할 때, 우울할 때, 힘들 때, 뭔가 고민할 일이 있을 때, 해결해야 할 일이 있을 때 등)

★ 꿈, 계획 (버킷 리스트를 쓸 때, 하고 싶은 일, 해야 할 일, 도전하고 싶은 일 등을 쓸 때)

★ 생활하면서 보거나 사용하는 사물 (지금 보고 있는 것이나 사용하고 있는 물건에 물음표를 꽂아보기)

★ 책을 만나며 좋았던 문장이나 생각 등 (책을 읽고서 맘에 드는 문장을 쓰고 그에 대해 글똥누기)

Q 글똥누기는 어떻게 하는가?

A (내감이든 외감이든 뭐든) 글똥누기 할 대상을 정한 뒤에 자유롭게 떠오르는 생각을 그냥 쓰면 된다. 예를 들어 주제 혹은 대상이 '글똥누기'라고 해보자. 그러면 글똥누기에 대해서 생각나는 것들을 그냥 막 쏟아내면 된다. 글로 쏟아내는 것이다. 형식이나 순서, 흐름을 생각할 필요가 없다. 대신 집중해야 한다. 쉼 없이 계속 글똥을 눠야 한다. 생각난 것을 쏟아내야 하므로 머릿속에서 어떤 생각을 하는지 생각을 놓치지 않고 써야 한다. 만약 쓰다가 생각이 나지 않을 때는 '왜 생각이 안 나지?'라고 쓰면 된다. 갑자기 막히면 '갑자기 막혔다. 뭐라고 쓸까?'라고 쓰면 된다. 아래는 '글똥누기'에 대해 한 학생이 쓴 실제 예시다.

글똥누기를 하라고? 글똥누기는 도대체 어떻게 하는 거야? 그냥 쓰라고 했지만 이렇게 쓰는 게 맞는 건가? 형식이 없다고 했는데 맞는지 안 맞는지 모르겠다. 왜 이런 걸 쓰라고 하는 거야? 근데 글똥누기라는 말이 좀 웃기다. 난 몸으로만 똥을 누는 줄 알았는데, 글로 똥을 눈다니… 누가 만든 말인지는 모르겠지만 재미있게 지은 것 같다. 글똥누기는 생각을 똥 싸는 건가? 그럼 이제 '야~ 똥 싸. 생각을 똥 싸'라고 말해도 되겠네? 근데 이거 은근히 재밌기도 하다. … 여튼 글똥누기

를 주제로 쓰라고 했으니까 그냥 막 써본다. 이런 글똥누기를 처음 해
본다. 하면 할수록 글똥누기 기술이 늘어난다고 했는데 그럼 매일 이걸
하면 내 글똥누기 기술도 레벨이 업 되는 건가? 레벨업 되면 뭐가 좋
은 거지? 이제 다 쓴 것 같은데… 아직 조금 더 남았다. 한 쪽을 다 채
워야 하니까. 다른 애들은 뭘 쓰고 있을까? 글똥누기. 이름 참… 독특하
다. 선생님이 이름을 지은 걸까? 아니면 누가 지은 걸까? 아까 선생님
이 글똥누기가 뭐라고 얘기해 준 것 같은데 생각이 안 난다. 좀 집중해
서 들을 걸 그랬나? 그래도 글똥누기로 글을 쓰니까 좀 쉬운 것 같기는
하다…

글똥누기 할 대상을 정하지 않고 그냥 써도 된다. 펜만 잡아라.
그리고서 날짜를 쓰면 시작된다. '뭘 쓰지'로 시작해서 글똥누기를 하
면 된다. 글똥을 누다 보면 이런 저런 생각들을 만나게 되기 때문에
괜히 '뭐에 대해 쓸까? 대상을 뭘로 정할까?'와 같은 고민을 하지 않
아도 시작할 수 있다. 그러니 굳이 대상을 뭘로 정해서 쓸지 고민하지
말고 그냥 글똥을 눠라. '나 뭘로 쓸까?'로 시작하면 글똥은 주루룩
나온다.

Q 학생이라 공부해야 돼서 글똥누기 할 시간이 없는데. 직장인
이라 그럴 시간이 없는데…

A '시간은 만들려고 하면 만들 수 있고, 안 만들려고 하면 만들
수 없다.'는 말이 있다. 무엇이든 마음의 문제다. 글똥누기도 마

찬가지다. 1분이든 2분이든 짧은 시간이라도 해 볼 수 있다.

글똥누기를 하는 대상은 삶과 동떨어진 것이 아니라 내 일상이다. 그러니 고민거리, 걱정거리, 해야 하는 일, 하고 싶은 일, 연애(부부) 문제 등을 '글똥누기 노트'에 글똥을 누면서 만나라.

글똥누기를 하면 만나게 되는 그 무엇이 있다. 직접 경험해야만 알 수 있는 경험 세계다. 경험하지 않으면 죽었다 깨어나도 알 수 없으니 오늘 당장 해 보라. 여러분의 내감으로 하면 더 좋다.

아침에 일어나자마자 5분, 잠자기 전 5분 동안만 해 보는 것으로 시작하면 어떨까? 스톱워치로 5분을 정해 놓고 5분 동안 집중해서 똥을 눠 봐라!

3. 일상에서 만나는 내감을 글똥누기

일상에서 우리는 순간순간 내감을 만난다. 하지만 내감 뒤에 나도 모르게 마침표를 찍을 때가 많기 때문에 내감에 무감각해진다. 내감을 깨우려면 내감에 물음표를 꽂아 글똥누기를 해야 한다. 특히 기분이 안 좋을 때, 속상했을 때, 화가 났을 때, 우울하다고 느낄 때, 왠지 의기소침할 때, 힘이 없을 때… 이럴 때는 뇌가 굳어 있을 때다. 나도 모르게 얼굴에 미소가 사라져 있을 때다. 그러니 그런 때는 무조건 그냥 씨~익 웃고 나서 꼭 글똥누기를 해보자.

사랑하는 아들 재민이가 내게 말했다.

'아빠, 아빠는 왜 나한테 소리 질러요? 안 질렀으면 좋겠어요.'

'아빠가 언제 소리 질렀어요?'

'아까 제니랑 놀 때, 그리고 샤워할 때 나한테 소리 질렀잖아요.'

'그건 소리 지른 게 아니라 위험하니까 그렇게 하지 말라고 좀 크게 말한 거잖아요.'

'아니에요. 소리 지른 거예요. 나한테 소리 지르지 마세요.'

집에서 아이가 말을 안 들을 때면 소리를 지를 때가 있다. 집에서 새는 바가지 밖에서도 샌다고, 우리반 아이들이 말을 잘 안 듣거나 기대치에 미치지 못할 때도 가끔씩 소리를 지른다. 그런 내 모습을 보며 틈날 때 글똥누기를 한다.

'왜 아이에게 소리를 지를까? 꼭 소리를 질러야 할까? 다른 방법은 없을까? 아이들이 약자라는 생각에 소리를 지르는 건 아닐까? 어른이 기분 나쁘게 했을 때는 소리를 안 지르지 않는가? 말을 듣지 않는다고 소리를 지르는(화를 내는, 그렇게 억압하는) 것이 과연 좋은 걸까? 후회 없는 선택이고 최고의 방법일까? 왜 화를 내고, 소리를 지르고, 그렇게 해서 누르려고 하는 걸까? 왜 그런 방법으로 마음을 전하는 것일까? 좋은(부드러운, 따뜻한, 낮은) 소리로 마음을 전할 수도 있지 않을까? 결국은 마음을 전하는 것일 텐데… 어떻게 반응하는 것이 나에게도 좋고 아이들에게도 좋을까? 똑같은 상황에서 서로가 따뜻한 마음을 갖도록, 얼굴에 미소 지을 수 있도록 하는 방법도 분명 있을 텐데…'

이렇게 글똥누기를 하다 보면 '소리 지르지 말아야지. 딱딱하고 차 갑게 마음을 전하지 말고, 부드럽고 따뜻하게 전해야지.'라고 다짐하 게 된다. 뇌에 새로운 신경회로가 만들어진다고 해야 할까? 글똥누기 를 하면 나에게 위안이 되고 힘이 된다. 좀 더 알아차릴 수 있어 좋다.

4. 내감의 본질은 자아 이미지

그대는 그대 자신을 진정 사랑하는가?

아름다운 삶, 행복한 삶은 자신을 사랑하는 것에서 시작한다.

자신을 사랑하는 실질적인 방법은 자아 이미지를 원하는 모습으 로 바꾸는 것이다.

자아 이미지는 자신에 대해 가지고 있는 이미지로, '난 ~~~한 사람이야. 난 원래 ~~해.'라고 자기도 모르게 마치 사실인 것처럼 생 각하고 있는 것을 말한다. 달리 말하면 **자아 이미지는 자신에 대해 갖 고 있는, 이미 마침표를 찍은 '생각'이다.**

'생각'이 뇌에 어떻게 영향을 미치는지를 먼저 살펴보자.

생각을 하면 뇌는 그에 상응하는 반응을 하도록 화학물질을 분비 한다. 뇌 속에서 분비된 화학물질은 느낌을 결정한다. 흥분, 우울, 짜 증, 피로, 행복 등의 느낌은 신경전달물질들에 의한 화학반응의 결과 일 뿐이다.

'난 자신감이 없어 . '라고 생각하면 그에 맞는 화학물질이 분비되고, 몸은 '자신감이 없다'는 느낌을 갖게 된다. 그래서 몸이 움츠러들거나 수축되거나 의기소침해진다. 생각 → 화학물질 분비 → 몸의 느낌 → (다시) 생각 → 화학물질 분비 → ….이렇게 반복 순환하며 신경망이 넓어지게 된다. 그러면 굳은 신경망이 만들어지기 때문에 자기도 모르게 자신감 없는 상태가 된다. 그렇게 굳은 신경망에 안주하면 다른 대안이 없는 것처럼 행동하고 결국 자아 이미지를 사실처럼 받아들이게 된다.

생각은 자극이다. 특히 마침표 찍은 생각, 자주 하는 생각은 신경회로에 큰 길을 낸다.

자아 이미지는 오랫동안 반복되고 자주 접하는 자극을 뇌가 받아먹으면서 뇌에 굳은 신경망이 생긴 결과물이다. 자아 이미지가 한 순간에 만들어지는 것은 아니라는 것이다.

사람은 누구나 많은 자아 이미지를 가지고 있다. 특히 외모(키, 피부, 얼굴 등), 성격이나 성향, 주변 환경 등에 대해 고정관념처럼 굳은 생각을 가지고 있다. 중요한 것은 원하지 않는 모습의 자아 이미지를 가지고 있다는 것이고, 그것을 바꿀 수 있음에도 불구하고 바꿀 수 없는 사실로 믿고 있다는 것이다.

자신이 진정으로 원하는 모습의 긍정적인 자아 이미지를 가지고 있다면 괜찮다. 하지만 원하지 않는 모습의 부정적인 자아 이미지를 가지고 있다면 알아차려서 바꿔야 한다.

자아 이미지를 찾는 방법은? 당연히 물음표 꽂기이다.

자기의 자아 이미지 중에서 원하지 않는 모습의 자아 이미지를 쓰고 그 뒤에는 마침표를 찍는다. 예를 들면 다음과 같다.

난 원래 그래 . 사람들은 나를 좋아하지 않아 . 나는 부정적이야 . 난 매력이 없는 사람이야 . 난 공부를 못해 . 난 사교성이 없어 . 난 가난해 . 난 못 생겨서 매력이 없어 . 나는 자신감이 부족해 . 난 언제나 바빠서 정신이 없어 . 나는 짜증을 잘 내 . 나는 정리정돈을 못 해 .

이렇게 내 자아 이미지에 마침표를 찍으면, 그 순간 마침표의 위력이 나온다. 찍는 순간 내가 가지고 있는 자아 이미지는 믿음이 되고 진실이 된다. 누구에게만? 바로 나에게만!

내가 만든 세계 속에서만 진실이고 사실이다. 마치 넓은 세상을 놔두고 우물 안이 전부라고 믿고 사는 개구리가 되는 것과 같다. 어떤 생각을 진실이라고 믿으면 사람은 그것을 삶으로 증명하려고 하기 때문에 그렇게 살게 된다.

'난 매력이 없어서 사람들 앞에 설 때 자신이 없어.'라는 자아 이미지를 가지고 있는 사람이 있다. 다른 사람들이 아무리 '아니야, 넌 매력 있어.'라고 말해도 들리지 않고 믿어지지도 않는다. 다른 사람의 말을 진실이 아닌 거짓으로 받아들이기 때문이다. 내가 가지고 있는 자아 이미지('난 매력이 없어.')만 진실로 받아들이고, 남들이 하는 말('넌 매력이 있어.')은 진실로 받아들이지 않는다. 아무리 좋은 생각이라도 자신에게는 사실이 아니기 때문에 받아들이지 않고 받아들일 수도 없다. 자기가 직접 마침표를 찍었기 때문이다. 깨려고 해도 깰 수 없는 철옹성을 자신이 만들어 놓았기 때문이다. 그걸 깰 수 있는 사람은 자기밖에 없다. 직접 마침표를 없애는 방법밖에 없다. 그러려면 마침표 자리에 예리하고 날카로운 물음표를 꽂아야 한다. 물음표를 꽂는 순간이 출발점이고 시작점이다.

'자아 이미지' 뒤에 찍어 놓은 마침표 위에 그림을 그려보자. 무엇을 그리느냐면 바로 낚싯바늘을 그린다.

이렇게 말이다. $\boxed{.}$ → $\boxed{?}$

그러면 앞에 예시가 이렇게 바뀐다.

> 난 원래 그래 $\boxed{?}$ 사람들은 나를 좋아하지 않아 $\boxed{?}$ 나는 부정적이야 $\boxed{?}$ 나는 매력이 없는 사람이야 $\boxed{?}$ 난 공부를 못해 $\boxed{?}$ 난 사교성이 없어 $\boxed{?}$ 난 가난해 $\boxed{?}$ 난 못 생겨서 매력이 없어 $\boxed{?}$ 나는 자신감이 부족해 $\boxed{?}$ 난 언제나 바빠서 정신이 없어 $\boxed{?}$ 나는 짜증을 잘 내 $\boxed{?}$ 나는 정리정돈을 못 해 $\boxed{?}$

이렇게 물음표를 꽂으면 나를 가둬 놓고 있던 생각의 벽에 금이 가기 시작한다. 우물 안 개구리가 우물 밖을 조금씩 보게 된다. 달걀 속에 있는 병아리가 껍질을 쪼기 시작한다. '난 매력이 없어서 사람들 앞에 설 때 자신이 없어 $\boxed{.}$ '에서 끝나는 것이 아니라 '난 매력이 없어 $\boxed{?}$ '로 새로운 움직임이 시작된다. '나는 정말 매력이 없는 사람일까 ? 매력이 없다는 게 사실일까 ? 영원히 바뀌지 않는 진실일까 ? 정말 ? 매력 없는 모습이 내가 정말 원하는 모습일까 ? 왜 원하지 않는 모습을 가지고 살고 있을까 ? ' 이렇게 꼬리에 꼬리를 물고 물음표를 꽂아 내가 진정으로 원하는 모습을 찾아가는 것이다.

자아 이미지를 '옷'에 비유할 수도 있다. 우린 누구나 보이지 않을 뿐이지 '자아 이미지'라는 옷을 입고 살고 있다. 언~제나 입고 있다. 그런데 그것이 원하지도 않는 것이라면? 그것도 평생 입고 다닌다면?

이 옷이 맘에 들지 않는다면 벗어던지고 새로운 옷을 입어야 한다. 그런데 새 옷을 입는 것이 쉽지 않다. 전두엽이 켜져야 가능하다. 그러려면 주의, 집중, 반복해야 한다. 그래야 뇌에 새로운 길이 나고

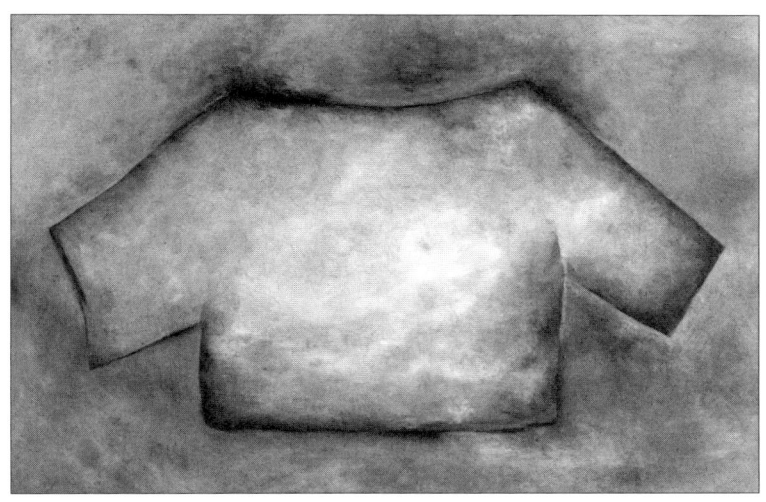

그 길이 넓어진다.

　내 삶의 주인은 다른 누가 아닌 '나'이다. 나를 가장 사랑해줘야 하는 사람도 다른 누가 아닌 바로 '내'가 되어야 한다. 남들이 나에게 아무리 부정적인 말을 한다 해도, 내가 원하지 않는 모습의 자아 이미지를 입히려고 해도, 내가 나에게 사랑과 응원과 격려를 해 주면 그것을 이겨낼 수 있는 힘이 난다.

　그대는 그대 자신을 진정 사랑하는가?

　아름다운 삶, 행복한 삶은 내가 나를 사랑하고 응원하고 격려하는 것에서 시작한다.

5. 물음표 제대로 꽂기

　동료가 나에게 안 좋은 말과 행동을 해서 '**짜증나** . **기분이 안 좋아** .'라고 마침표를 찍었다고 해보자. 지금까지는 이런 자극이 들어오면 마침표를 자동으로 찍었는데 이제부터는 마침표 자리에 물음표를 꽂자.

　'**짜증나** ? **기분이 안 좋아** ?'

　이렇게 물음표를 꽂으면 마침표 때문에 만나지 못했던 내감을 만날 수 있다. 하지만 물음표라고 다 똑같은 게 아니다. 물음표를 어떻게 꽂느냐에 따라 전혀 다른 결과가 나오기 때문에 이후의 진행과정이 중요하다.

물음표를 꽂을 때는 내가 진정으로 원하는 것을 찾는 방향으로 가야 한다. 그러기 위해서는 물음표를 바깥이 아닌 나를(안으로) 향하도록 해야 한다. 또한 삶의 주도권을 '나 아닌 다른 것들'이 가지는 것이 아니라 '내'가 가질 수 있도록 물음표를 꽂아야 한다.

내공이 있는 사람은 내가 진정으로 원하는 것이 무엇인지를 찾아간다. 진짜 마음을 만나는 방향으로 향한다. 그래서 물음표가 자신을 향한다. 바깥이 아닌 안으로 향한다.

'기분이 안 좋아 [?] 왜 기분이 안 좋을까 [?] 그 사람이 그렇게 말한 것에 대해 내가 이렇게 기분이 나쁜 이유는 뭘까 [?] 내가 그 사람에게 어떤 것을 기대했기 때문일까 [?] 내가 만들어놓은 기준이나 기대치가 있는 것은 아닐까 [?] 꼭 그런 기대치를 가져야 되는 걸까 [?] 그 기대치는 옳은 걸까 [?] 내가 기대했던 대로 항상 되어야 하는 걸까 [?] …'

또한 내공이 있는 사람은 내 삶의 주도권을 내가 가질 수 있도록 물음표를 꽂는다.

'왜 내 삶의 주도권을 기분에게(혹은 생각에게) 내어주는 걸까? 왜 그 친구의 말에 내 삶의 주도권을 빼앗기는 걸까? 내 삶의 주도권을 그렇게 빼앗기는 게 내가 진정 원하는 것일까? 어떻게 해야 내 삶의 주도권을 내가 가져올 수 있을까? 내가 정말 원하는 것은 무엇일까?'

이처럼 삶의 주도권을 '나 아닌 다른 것들'(내 감정, 기분, 생각, 그 친구의 말, 행동, 어떤 상황 등)에게 내어 주지 않는 방향으로 물음표를 꽂는다. 그래서 내공이 있는 사람들은 삶의 주도권을 내가 가지고 있고, 자기 삶을 자기가 책임지며 산다.

반면 내공이 없는 사람은 자신이 진정 원하는 것을 찾지 못하는 방향으로 물음표를 꽂는다. 그래서 물음표가 전부 다른 사람이나 바깥 상황을 향한다. 전체적으로 부정적인 기운이 지배할 때가 많다.

'왜 짜증이 나지? 왜 기분이 나쁠까? 저 사람은 왜 말을 저렇게 할까? 저런 식으로밖에 말할 수 없을까? 왜 다르게 말하지 못할까? 왜 나를 이해해주지 못할까? 왜 저 사람은 내 맘을 모를까? 내가 아무리 말해도 왜 저 사람은 듣지를 못하는 걸까? 꼭 그런 식으로 행동해야 할까? 내가 해 준 것이 얼마나 많은데… 고마운 줄도 모르나? 저 사람은 저래서 안 되는 거야. 난 잘못 없어. 전부 저 사람 잘못이야.'

이처럼 물음표가 전부 바깥을 향한다. 바깥으로만 향하기 때문에 내 잘못은 없고 저 사람 잘못이며 바깥 상황 잘못이다. 그래서 언제나 남 탓, 환경 탓을 하며 산다.

Q 난 저 사람만 보면 화가 나고 짜증이 나요. 변함없는 그 사람의 말이나 행동이 싫어요. 이건 내감만의 문제는 아니잖아요.
A 맞는 말이다. 이 부분은 '삶의 영역'에 관한 문제이다. 삶의 영역에 대한 이해가 필요하기 때문에 이 부분에 대해 언급하고 가기로 하자.

삶에는 '내' 영역이 있고, '다른 사람'의 영역이 있고, 사람이 어떻게 할 수 없는 '신'(우주, 자연…)의 영역이 있다. 서로의 영역을 침범할 수 없는 것이 영역의 법칙이다. 내 영역에 다른 사람이나 신이 침범할 수 없고, 다른 사람의 영역에 내가 침범할 수 없다. 또한 신의 영역에 사람이 침범할 수 없다.

'내' 영역은 내가 직접 어떻게 할 수 있는 영역이다. 내 몸, 내가 가지고 있는 생각, 기분, 마음 등이 내 영역에 속한다. 하지만 다른 사람의 몸, 다른 사람의 생각, 마음, 기분은 내 영역이 아니라 다른 사람의 영역이다. 그렇기 때문에 내가 어떻게 할 수 없다. 물론 그 사람에게 내 생각이나 마음, 기분을 전할 수는 있지만 그렇게 전하는 것까지가 내 영역이다. 전한 것을 상대방이 어떻게 받아들이느냐는 전적으로 그 사람 영역이다. 다른 사람의 영역을 침범하려고 영역의 기본 법칙을 깨는 순간 고통과 스트레스가 시작된다. 그런 경우에는 상대방과 조율을 하거나, 좁아진 내 영역을 넓혀가야 한다. (※ 조율하는 능력은 철저히 내공에 비례한다.)

영역에 대한 이야기가 나왔으니 두 가지만 더 얘기하자.

첫 번째 : 바꿀 수 있는 것 vs 바꿀 수 없는 것

영역을 '바꿀 수 있는 것'과 '바꿀 수 없는 것'으로 나누기도 한다. 바꿀 수 없는 것을 바꾸려고 하는 한 고통 속에서 살게 된다. 바꿀 수 있는 것을 바꾸지 못하고 살아도 고통 속에서 살게 된다. 왜 그렇게 되는지 예를 들어 살펴보자.

'나는 부모님이 이혼해서 불행해.'라는 생각을 가진 사람이 있다.

'부모님이 이혼해서 불행해'라는 생각에는 바꿀 수 '있는' 것과 바꿀 수 '없는' 것이 같이 들어 있다.

부모님이 이혼한 것은 이미 일어난 과거의 일이자 사실이다. 즉 바꿀 수 없는 것이다. 그런데도 그것이 내 맘에 들지 않는다고 '부모님은 이혼하지 않았어야 해.'라며 바꿀 수 없는 사실(이혼한 것)을 바꾸려고 한다. 바꾸려고 애쓰는 기간이 하루나 1주일이라면 그래도 봐줄 수 있다. 그런데 그걸 바꾸려고 10년, 20년, 평생을 투자하기도 한다. '난 어릴 때 부모님이 이혼했기 때문에 힘들게 살았고 불행했어. 지금도 행복하지 않아.'와 같은 생각을 갖고 살기도 한다. 바꿀 수 없는 건 바꿀 수 없다. 그걸 바꾸려고 하는 한 고통 속에서 살게 된다.

그렇다면 바꿀 수 '있는' 것은 무엇일까?

이혼한 것에 대한 내 생각은 바꿀 수 있다.

이 사람의 경우 많은 생각 중에서 '불행해'라는 생각을 선택했고 그 뒤에 마침표를 찍었다. 그 결과 불행하다는 생각 속에 갇혀 살게 되었고 그 생각을 마치 바꿀 수 없는 사실인 것처럼 믿고 살게 되었다. 바꿀 수 있음에도 불구하고 바꿀 수 없도록 하는 것이 새삼스럽지만 마침표의 위력이다.

'불행해'라는 생각은 바꿀 수 없는 것이 아니라, 바꿀 수 '있는' 것이다. 어떤 생각으로 바꾸고 싶은지 자기에게 물음표를 꽂아야 한다. 물음표를 꽂는 순간 전두엽이 켜진다.

'불행해 ? 불행하다고 생각하는 것이 내가 원하는 걸까 ? 내가 진정 원하는 것은 뭐지 ? 난 행복하고 싶어. 그런데 왜 불행하다

는 생각에 마침표를 찍었을까 ? 생각을 바꿔볼까 ? 어떻게 바꿀
수 있을까 ? … 음.. 부모님이 이혼해서 나와 같은 처지에 있는 사람
들의 마음을 잘 이해할 수 있다. 힘든 상황에 처한 사람을 돕는 게 좋
다. 감사하다. 이렇게 바꿀 수 있겠구나 ? …'

이처럼 과거에 이미 일어난 사실은 바꿀 수 없지만, 그것에 대한
'생각'은 바꿀 수 있다. 바꿀 수 없는 사실을 바꾸는 것은 불가능하기
때문에, 바꿀 수 없는 사실과 바꿀 수 있는 생각을 먼저 알아차려야
한다. 그래야 내 영역을 찾을 수 있고, 물음표를 꽂아 그 영역을 넓혀
갈 수 있다.

두 번째 : '시간'의 관점에서 바라본 내 영역에 대해

지나간 건 오로지 머릿속에서만 존재한다. 다가올 미래에 대한 걱정
도 오로지 머릿속에서만 존재한다. 과거에 일어난 일이나 미래에 일
어날 일에 대해 '어떻게 생각할까?'는 '지금 여기'에서 결정된다. '어
떻게 말할까?'를 결정하는 것도 지금 여기이다. 어떻게 행동할지를
결정하는 순간도 지금 여기이다.

지금 여기에서 내 삶은 시작된다. 내 영역을 결정하는 것은 지금
여기이다. 시간의 관점에서 볼 때 지금 여기만 내 영역이다. 지금 여
기에서 마침표를 찍으면 내 삶의 영역은 생각 속에 갇히게 되지만, 지
금 여기에서 물음표를 꽂으면 생각의 영역이 넓어져 내 삶의 영역 또
한 넓어지게 된다. 그대는 지금 여기에서 무엇을 어떻게 선택하고 있
는가?

09

꿈을 켜면
전두엽이 켜진다

Chapter 09

꿈을 켜면
전두엽이 켜진다

우린 지구별에 '사람'으로 왔다. 사람으로 온 이유는 사람답게 살기 위해서이다. 더 정확히 표현하면 나다움을 찾아 나다움을 꽃 피우며 살기 위해서이다. 내가 하고 싶은 일을 찾아 그 일을 하며 가슴 뛰게 살기 위해서이다.

그렇다면 나다움이란 무엇일까? 꿈이란 무엇일까? 꿈을 찾으려면 어떻게 해야 할까?

마침표, 물음표, 느낌표는 꿈, 나다움, 전두엽과 아주 밀접한 관련을 가지고 있다.

마침표는 전두엽을 꺼버려 꿈을 못 찾도록 만든다. 그래서 꿈 없이 살도록 만든다. 나다움을 찾지 못한 채 틀에 갇혀 살도록 만든다.

하지만 물음표는 전두엽이 켜지도록 해 꿈을 찾도록 해 준다. 얼마나 많이 물음표를 꽂았느냐, 어떤 물음표를 꽂았느냐에 따라 만나는 꿈의 수준도 달라진다. 물음표를 꽂아가다가 꿈을 만나면 가슴 뛸

이 시작된다. 느낌표가 꽂히기 시작한다. 그렇게 느낌표가 꽂힐 때 나다움을 찾게 된다. 나답게 살 수 있게 된다.

꿈은 먼 이야기가 아니다. 미래의 이야기도 아니다. 오늘 하루라는 삶 속에 녹여내서 살아야 하는 것이 바로 꿈이다. '꿈을 산다'는 건 살아 있음을 느낀다는 것이다. 꿈을 살 때 가슴이 뛴다. 뇌간이 뛰도록 하는 그 심장을 말하는 것이 아니다. 꿈이 뛰도록 하는 심장을 말한다. 제2의 가슴을 말한다. 제2의 가슴이 뛸 때 살아 있음을 느낄 수 있다. 그것이 바로 가슴 뜀. 그 소리가 바로 살아 있음의 증거다.

그대는 제2의 가슴이 뛰고 있는가? 살아 있음을 느끼고 있는가?

1. 꿈이란? 꿈을 찾으려면?

'넌 지구별에 가서 이렇게 여행하고 오거라. 이 일을 하고 오거라.'
'하지만 태어나는 순간 여기에서의 일을 잊어버리지 않습니까?'
'여기에서의 일은 잊어버리지만, 네가 할 일만은 네 가슴에 심어 두었다. 그걸 찾지 않고 살면 공허함을 느끼도록 하는 신호 또한 가슴에 심어 놓았다. 그러니 너는 네 가슴의 소리를 잘 들으면 된다.'

여러분은 꿈이 무엇이라고 생각하는가?
나는 꿈을 이렇게 말하고 싶다. 살아 있음을 느끼도록 해 주는 것, 제2의 가슴이 뛰도록 해 주는 것, 즉 '삶의 심장'이라고.

꿈은 가슴을 뛰게 하고 살아가야 할 이유를 알려주는 것이다. 또한 넘어지고 쓰러져도 다시 일어서게 하는 힘이고 아무리 힘들어도 미소 짓게 하는 것이다. 어두운 밤하늘에 가야 할 방향과 길을 알려주는 북극성과 같은 것이다.

꿈을 다른 말로 '가슴에 심어둔 씨앗, 가슴 뛰는 일, 지구별에서 꼭 해야 하는 일, 비전, 하고 싶은 일, 살아가야 할 이유, 삶의 원동력, 자아실현, 사명, 삶의 심장과 같은 것…'이라고 할 수 있다.

이런 꿈은 사람이라면 누구나 가지고 있다. 지구별에 사람으로 온 이유가 자기 꿈을 찾아 그 꿈을 살기 위해서니까.

누구나 자기만의 꿈이 숨겨진 씨앗이 가슴 속에 있다. 가슴 깊숙한 곳에 숨겨놓았기 때문에 자기만 찾을 수 있고 자기만 알 수 있다. 다른 사람이 대신 찾아줄 수 없다.

그러면 꿈은 어떻게 찾을 수 있을까? 꿈은 단단한 씨앗 속에 숨겨져 있다. 단단한 껍질을 깨야 하는데 다른 사람이 대신 깨줄 수 없다. 이 단단함을 깰 수 있는 도구가 바로 물음표이다. 날카로운 물음표를 꽂는 것 외에는 방법이 없다. 물음표가 아니면 접근을 못하고 금을 가게 할 수도 없다. 날카로운 '?'가 딱 꽂혀야 살짝 금이 간다. 물론 한 번에 딱 깨지지는 않는다.

'지구별 여행이 끝나기 전에 해보고 싶은 일에는 어떤 것들이 있을까? 정말 내가 하고 싶은 일은 뭐지? 무엇이 나를 가슴 뛰게 할까? 어떤 일을 할 때 나는 기쁘고 행복할까? 내가 잘 할 수 있는 일은 뭐지?…'

이렇게 물음표를 꽂아 전두엽을 켜야 한다. 뇌(전두엽)가 켜져야 '내'가 켜진다.

'난 꿈 몰라 ⬜ . 꿈이 뭔지 모르겠어 ⬜ . '

이렇게 마침표를 찍으면 움직이지 못하고 고정되기 때문에 꿈을 찾지 못하게 된다. 꿈을 못 찾은 채 꿈 없이 살게 된다. 그러니 꿈을 찾도록 움직이게 하는 물음표를 꽂아야 한다. 물음표를 꽂아야 꿈을 찾아갈 수 있다.

> '너 꿈이 뭐냐?' '없는데요. 모르겠는데요.'

꿈은 태어날 때 누구나 가지고 오는 것이기 때문에 없을 수가 없다. 안 찾았을 뿐인데 없다고 생각, 착각할 뿐이다. 꿈이 숨겨진 단단한 알을 깨야만 꿈을 찾을 수 있다. 꿈을 찾을 수 있는 유일한 도구인 물음표라는 열쇠는 나만 꽂을 수 있게 특성화되어 있다. 그러니 마침표 대신 물음표를 꽂아라!

물음표를 꽂아 본 적이 없는 사람들

> '아직 생각해 본 적이 없어서 모르겠는데요.
> 꿈에 대해 별로 생각 안 해 봤어요.'

딩~동~댕! 정답이다.

생각해 본 적이 없어서, 물음표를 꽂아 본 적이 없어서, 꿈을 모른다. 물음표를 안 꽂았고 마침표만 찍었으니 꿈을 모르는 것이 당연하다.

그럼 무엇을 해야 할까? 생각을 해 봐야 한다. 물음표를 꽂아 전두엽을 켜야 한다.

'해 보고 싶은 것이 뭐가 있지? 지구별에 왜 왔을까? 뭘 할 때 나는 기쁘고 행복할까? 나는 어떤 삶을 살고 싶지?' 이렇게 물음표를 꽂아야 한다.

> '생각하기 싫어요. 골치 아파요. 그거야 나중에 생각하면 되잖아요.'

골치가 아프기 때문에 꿈에 대해 생각을 안 한다는 것인데 골치가 아픈 이유는 간단하다. 지금까지 물음표를 너무 안 꽂고 살아왔기 때문이다. 안 쓰던 근육을 갑자기 쓰면 근육에 무리가 오고 통증이 오는 것과 같다. 물음표를 즐겁게 꽂는 연습을 하면서 근육을 키워 가면 된다. 그렇게 연습하다 보면 생각하는 것이 골치 아픈 것이 아닌 즐거운 것이 될 수 있다.

나중에 생각하겠다는 것은 지금 생각하지 않겠다는 말인데 꿈을 찾는 일은 나중에 할 일이 아니라 지금 당장 해야 하는 일이다. 나이, 성별, 환경, 상황 등과 상관없이 사람이라면 누구나 꿈에 대해 물음표를 꽂아야 한다. 꿈을 찾는 일을 안 하면 영혼이, 살아 있음이, 가슴 뜀이 죽게 된다.

사람은 꿈을 생각하기 싫어하는, 꿈을 찾기 싫어하는 존재일까? 꿈꾸지 못하도록, 철저히 꿈꾸지 못하도록 만들어진 제도 속에서 그렇게 길들여진 것은 아닐까? 본래 사람은 생각 '하는' 존재이고, 꿈을 찾아 실현하기 위해 지구별에 온 존재이다. 꿈을 만나야 뛰게 되어 있는 '제2의 가슴'이 뛰어야 하는 존재이다.

몸 안의 심장은 '제1의 가슴'으로 몸이 살아 있음을 알려준다. 이 심장은 뇌간이 알아서 뛰도록 하기 때문에 24시간 자동으로 뛴다. 하지만 '제2의 가슴'은 저절로 뛰지 않는다. 전두엽을 켜고 물음표를 꽂아 꿈을 만나야만 뛴다. 진짜 살아 있음을 알려주는 가슴은 '제2의 가슴'이다. 이 가슴이 뛸 때는 마침표가 아닌 느낌표가 꽂힌다. 이 가슴이 뛰느냐 안 뛰느냐가, '나다움'이 꽃 피우고 있느냐 시들어가고 있느냐를 알려준다. 우린 '제2의 가슴'이 뛰어야 하는 존재이다. 그 가슴 뜀이 만들어 낸 에너지로 살아가야 하는 존재이다.

꿈은 물음표를 꽂은 수에 비례한다

누구는 이렇게 말한다.

> '저도 생각은 해 봤어요. 그런데 꿈을 모르겠어요.'

이건 물음표를 한두 번 정도는 꽂아봤다는 말이다. 그런데 한두 번 꽂아서는 꿈을 찾기 힘들다. 그럼 물음표를 몇 번 꽂으면 될까? 몇 번이라고 정해지진 않았지만 주구장창 꼬리에 꼬리를 물고 꽂아야 한다. 물음표를 한 번 꽂고, 두 번 꽂고, 세 번 꽂고, 네 번 꽂고… 그렇게 계속 꽂으면 조금씩 금이 가면서 꿈이 보인다. 꿈은 그렇게 물음표를 꽂으면서 만나가는 것이다. 마침표를 찍어 전두엽이 꺼져 있으면 꿈을 만날 수 없다. 꿈이 꺼져 있으면 전두엽도 꺼져 있다. 꿈이 꺼져 있으면 '나'도 꺼져 있다.

꿈은 고정되어 있지 않다. 만나면서 변하기도 하고, 더 넓어지기도 하고, 다양해지기도 하고, 그러면서 서로 연결된다. 꿈은 살아 있기 때문에 움직인다. 사람에게는 상상하는 힘이 있고 상상력은 꿈과 연결된다. 생각이 물음표를 먹고 자라듯 꿈도 물음표를 먹고 자란다. 그렇기에 물음표를 꽂으면 꽂을수록 더 많은 꿈들을 만날 수 있다.

'이 꿈은 불가능해 . '라고 마침표를 찍으면 불가능하다.

그런데 '불가능해 ? 정말 불가능할까 ? 내가 할 수 없을까 ? 만약 가능하다면 어떨까 ? 불가능하다고 마침표 찍고 도전조차 안 해 보는 게 내가 진정 원하는 걸까 ? …'라고 물음표를 꽂으면 새로운 시작이 된다. 꿈을 찾을 때는 상상력을 동원해서 가능성 여부를 따지지 말고 하고 싶은 것을 다 찾아보아야 한다. 마음껏 끄적거리면 된다.

꿈 없이 사는 건 **삶**에 **사형선고**를 내리는 것

'현실을 직시해. 먹고 사는 게 먼저지 꿈이 먼저냐? 꿈과 현실은 다른 거야. 정신 차리라고!'

이 말 속에는 '삶 = 현실 = 먹고 살기 = 돈 벌기 = (다시) 삶 = 현실 = 먹고 살기 = 돈 벌기 = …'라는 공식이 순환하고 있다. 이 공식

을 증명하듯 살아가는 사람이 많다. 하지만 이 공식에는 가장 중요한 '꿈'이 빠져 있다. 이렇게 삶에서 꿈이 사라지면 '삶의 심장'이 뛰지 않기 때문에 삶은 빡빡해질 수밖에 없다. 삶의 중심에 자리 잡아야 하는 것은 돈이 아닌 꿈이다. 삶의 심장인 꿈이 자리 잡아야 한다.

삶은 꿈을 떠나서는 설명할 수 없다. 내 일상에 꿈이 녹아들지 않았다면 제2의 심장이 뛰지 못하고 있으니 난 지금 살고 있는 게 아니다. 내 삶을 다른 것에 빼앗긴 채 잠자며 살고 있는 것이다. 몸만 살아 있다고, 뇌간이 뛰도록 하는 심장이 뛰고 있다고 살아 있는 게 아니다.

거기서 깨어나야 한다. 거기서 깨어나려면, 물음표를 꽂아 전두엽을 켜야 한다.

꿈을 어떻게 찾아가야 하는지 방법을 알려주는 친절한 책들이 굉장히 많다. 이런 책들을 만나면 전두엽을 켜주는 물음표를 만나게 된다. 그런데 이런 책들을 만나지 않고 '나는 꿈을 모르겠는데요. 나는 꿈을 나중에 찾을래요.'라고 말하는 건 내 삶에 사형선고를 내리는 것과 같다. 꿈을 만나야 뛰기 시작하는 '제2의 가슴'이 뛰지 못하도록 하는 잔인한 행동이다. 삶의 심장과 같은 꿈에 못을 박는 행위이다.

인터넷에, 술에, 게임에, 스마트폰에, 텔레비전 등에 중독이 되고, 다른 무엇인가에 중독이 되었다는 것, 시간을 죽이고 있다는 것, 심심하고 할 게 없다는 것, 업무와 의무감 속에 바쁘게 정신없이 살고 있다는 것, 이런 것들은 꿈이 없기 때문에 나타나는 현상이다. 삶에 꿈이 없어서, 꿈을 만나지 못해서 나타나는 것들이다. 또한 마음의 공허함은 꿈을 찾으라고 가슴에서 알려주는 소리이며 신호이다.

꿈 없이 사는 건 가슴 뜀 없이 사는 것이고, 밋밋하고 공허하게 사는 것이고, 외롭게 사는 것이고, 살아 있음을 못 느끼며, 시간을 죽이며 사는 것이고, 쓸데없는 것에 중독되어 사는 것이고, 내 삶의 주도권을 다른 것에 빼앗긴 채 사는 것이다.

꿈 없이 사는 건 '사람됨'과 '나다움'을 잃어버린 채 그냥 그렇게 사는 것이다. 전두엽을 꺼 놓은 채 마침표를 찍으며 사는 것이다.

꿈을 이렇게 찾아라!

꿈이라는 말이 너무 거창하게 느껴지고 부담스러워서 꿈을 찾기 어려워하는 사람들이 있다. 어렵게 생각할 필요 없다.

꿈 찾기는 버킷 리스트를 작성하는 것에서 시작한다. 버킷 리스트는 지구별을 떠나기 전에 해 보고 싶은 것을 적은 목록이다. 즉 내가 하고 싶은 것, 배우고 싶은 것, 가보고 싶은 곳, 도전해 보고 싶은 것, 갖고 싶은 것, 만나보고 싶은 사람들 등을 끄적거리기 시작하면 된다. 가능성 여부는 따지지 말고 그냥 생각나는 대로 빠짐없이 끄적거려라. 끄적거린 것들을 보고 하나하나 그냥 하면 된다. 해도 시간은 가고 안 해도 시간은 간다. 하지만 안 하면, 안 한 채 지구별 여행이 끝날 수 있다.

버킷 리스트를 쓰는 방법은 내가 쓴 아래 예시를 보면 알 수 있다. 어렵지 않으니 지금 당장 책을 덮고 해 봐라. 글똥누기 노트에 부담없이 끄적거리면 된다. (※ 『꿈 스케치』는 워크북 형식으로 되어 있어 혼자서도 꿈을 쉽게 찾을 수 있도록 친절하게 안내해주고 있다.)

하고 싶은 것 | 이루고 싶은 것	배우고 싶은 것	가보고 싶은 곳 | 만나고 싶은 사람
첫 작품 700만부 이상, 해외 30개국 이상 출간 두 번째 작품(10대를 위한 책) 출간 매년 1권 이상 「내최프」중고생, 대학생, 일반인 대상으로 하기 「물음표 공부법」가정의 문화로 만들기, 물음표혁명이 일어나는 가정 마을 만들기 : 교육혁명의 시스템 모델화하기, 도서관, 체육관, 자연이 함께하는 곳, 여러 나라에 마을 만들기 함께하는 콘서트로 전국 투어 집짓기	외국어 : 영어, 중국어, 독일어, 프랑스어, 이태리어 한자 : 대학, 논어, 맹자, 중용, 소학 등 자동차 정비 자격증 취득 각종 전자제품 원리(A/S 가능 수준) 수영 접영까지 배우기 악기 자연재배(쌀, 채소, 과일) 조각, 그림그리기 태양열 에너지(발전 기술) B-boy 춤, 기계체조 건축	국내 도서관 기행(제주도 포함) 해외 도서관 기행 아름다운 집 투어 전국의 모든 산 오르기(재제와) 유럽에서 6개월 이상 살아보기 (예술, 문화 위주의 여행) 만리장성 완(完) 카리브해 연안(6개월 이상) 티벳, 카트만두, 인도를 비롯한 세계 일주 후원하는 아이(부르키나파소, 케냐) 함께 꿈꿀 수 있는 사람들(이름 생략)

갖고 싶은 것 | 필요한 것 | 해 드릴 것	도전해 보고 싶은 것 | 한 번쯤 해보고 싶은 것
마을을 위한 10만평 땅 상상하우스(서재, 그네, 정원, 음악실, 춤실, 작업실, 천장…) 피아노, 자전거, 기타, 천체망원경 전기차, 여신님 차 장모님 차, 장인어른 귀 수술, 어머니 집, 부모님들 모든 생활비	마라톤, 철인 3종 경기, 번지 점프 시속 300으로 달려보기 목표한 것에 완전히 미쳐서 살기(일상을 그걸로 작품하기) – 악기, 외국어 등 책에 미쳐 살아보기, 도서관 책을 통째로 읽기 머리 길어서 묶어보기, 한 쪽 귀만 뚫기 모든 손가락에 반지 끼고 한 달 정도만 살아보기

꿈은 꾸는 게 아니라 사는_(~is living) 것

꿈과 관련된 음모가 있다.

　　음모1. 꿈을 이루는 사람은 특별한 사람이다.

　　음모2. 꿈과 삶은 다른 것이다.

　　우린 꿈을 만나지 못하게 만드는 철저한 시스템 속에서 살고 있다.

　　'꿈은 삶과는 동떨어진 거야. 꿈과 삶은 다른 거야. 꿈을 이루는 사람은 따로 있어. 그런 사람은 특별한 사람이야…' 이런 말들을 자주 듣는다. 그런데 이런 것들은 누군가가 만들어 낸 음모이다. 사람들을 세뇌시키는 장치라고 해야 할까?

　　꿈꾸는 사람, 꿈을 이루는 사람이 따로 있지 않다. 그들은 어떤 특별함을 갖고 있는 사람이 아니라 사람다움과 나다움을 찾아서 사람으로 살았을 뿐이다. 사람답게, 나답게 살았을 뿐이다.

　　또한 삶이 따로 있고 꿈이 따로 있는 것이 아니다. 삶은 꿈을 떠나서는 설명할 수 없다. 삶과 꿈이 다른 것이라고 세뇌시키는 음모에 빠지면 안 된다. 꿈은 꾸는 게 아니라 사는_(~is living) 것이다.

　　삶은 산다고 하고, 꿈은 꾼다고 한다. 표현이 이렇게 다르기 때문에 많은 사람들이 꿈을 꾸면서도 꿈과는 상관없이 산다. 그래서 나는 꿈을 꾼다는 표현이 맘에 들지 않는다.

　　나는 이렇게 말하고 싶다.

　　꿈은 꾸는 것이 아니라 '사는' 것이라고. 꿈을 사는 것이 삶을 사는 것이라고. 꿈을 살지 않는 건 삶을 살지 않는 거라고.

꿈을 꾼다라는 말 속에는 현실과는 상관없다는, 일상에 녹여내지 않아도 된다는, 꿈이 언젠가 이뤄지면 좋겠다는 막연한 희망 같은, 그런 의미가 녹아 있다.

하지만 꿈을 '산다'라는 말 속에는 일상에 꿈을 녹여내 살아야 한다는 의미가 녹아 있다.

삶을 사는 건 꿈을 사는 것이다. 꿈은 꾸기만 해서는 안 된다. 삶으로 가져와야 한다. 오늘 하루라는 내 삶 속에 꿈이 녹아 있어야, 일상에서 내가 꿈을 살아야, 그래야 삶을 사는 것이다. 그래야 꿈이 삶이 된다. 그게 바로 '살아 있음'이다.

물론 꿈 없이도 살 수 있고, 꿈이랑 전혀 상관없이도 살 수 있다. 많이들 그렇게 살고 있기 때문에 그렇게 사는 것이 당연하게 여겨지기도 한다. 하지만 그렇게 살면 그대의 가슴이 말해준다. 이렇게 살면 안 된다고, 공허하다고, 마음이 비어 있다고, 가슴이 뛰지 않는다고…

"오늘 하루라는 삶 속에 어떻게 꿈을 녹여내서 살까?를 그대에게 묻고 물어라! 오늘 그대가 지구별을 떠난다 해도 여한이 없도록 살아라. 꿈은 미래에 갑자기 이루어지는 것이 아니라 하루의 삶 속에서 이루어가는 것이다. 그러니 지금 이 순간을 꿈과 함께 살아라. 가슴 뛰는 그대의 꿈과 연애하며 살아라!"

2. 아이들을 만나며 알게 된 것

'꿈을 가져. 넌 꿈을 꾸는 만큼 살 수 있어. 넌 네가 하고 싶은 것을 할 수 있는 능력을 가지고 있어. 사람은 꿈과 함께 사는 존재란다.'

아이들에게 이렇게 꿈에 대해 이야기를 하는데 어느 순간 나에게 물음표가 딱 꽂혔다.

'그렇게 말하는 너는 꿈과 함께 살고 있느냐? 하루하루 순간순간 너는 꿈을 품고 꿈과 사랑에 빠져서 살고 있느냐? 네 일상에 꿈이 녹아 있느냐?' 온 몸을 꿰뚫는 물음표.

'아~ 나는 대충 살면서 애들한테는 그렇게 살지 말라고 하고 있구나. 나는 그냥 꿈을 적어 놓고만 살면서 아이들에게는 내가 마치 꿈과 함께 사는 양 말하고 있구나!'

꿈을 볼 수 있도록 시각화만 해 놓았을 뿐 꿈과는 상관없이 살고 있었다. 그러면서 아이들에게 꿈에 대해 이야기하고 있었다. 그것이 얼마나 진실성 없는 것인지를 알아차리고 나니 어찌나 충격적이던지.

'내가 그렇게 살지도 않으면서 아이들에게 안내하고 있었구나. 삶으로 보여야 하는데 삶은 없고 말만 있구나. 이렇게 살면 안 된다. 꿈과 같이 살자!' 다짐을 했다.

2012년 꿈 중 하나가 책을 한 권 쓰는 것이었다. 그런데 그 꿈은 그냥 벽에 붙어 있는, 종이에만 써져 있는, 머리로 그냥 생각만 하는, 일상과는 동떨어진 채 이루어지면 좋겠다고 바라기만 하는 그런 것이었지 '사는 것, 삶에 녹아 있는 것'이 아니었다. 꿈 따로 삶 따로였다.

충격을 받고서 물음표와 함께 살기 시작했다. '꿈을 삶으로 가져오자! 꿈을 삶으로 가져오려면 어떻게 해야 할까?'

어떤 내용으로 책을 쓸지 구상하고 있었는데, 딱 거기까지였다. 구상한 것을 노트에 조금 끄적거리고 있었지만 그 수준에서 멈춰 있었다.

'언젠가 이루어지면 좋겠다. 책을 써서 작가가 되면 좋겠다. 강의를 하면 좋겠다…'

그렇게 바라고만 있었다. 손 하나 까딱하지 않고 생각으로만 마음으로만 꿈을 그리고 있었다. 지금 할 수 있는 일을 '안' 하면서 살고 있었다. 우선순위를 정해 놓지 않은 채 에너지가 흩어지도록 가만히 놔둔 채 살고 있었다. 꿈에 에너지를 쏟지 않고, 하지 않아도 되는 일, 중요하지 않은 일들을 하는데 시간과 에너지를 쏟고 있었다.

'나는 왜 책을 쓰고 싶어 하지? 왜 이런 내용으로 책을 쓰려고 하는 걸까? 이 책을 써야 하는 이유는 뭘까? 내가 이 책을 안 쓰면 어떻게 될까?' 물음표를 깊게 만나가기 시작했다. 물음표를 만나가다 보니 내가 하고 싶은 일이 단지 '하고 싶은 일'이 아니라 '꼭 해야 하는 일'이라는 것을 알게 되었다. 사명감 같은 것을 만났다고 해야 할까? 물음표가 느낌표로 바뀌었다고 해야 할까?

'이 일은 내가 꼭 해야 하는 일이다. 그 누구의 일도 아닌 나의 일이다. 나의 일! 그러니 정신 차리고 그런 삶을 살자!'

책을 쓰는 일이 내가 꼭 해야 하는 일이라는 사명감을 만나게 된

날부터 달라지기 시작했다. 하루라는 삶에 꿈을 녹여내기 시작했다. 물론 그 전에도 새벽에 일어나기는 했지만 조금 피곤할 때나 마음이 느슨해질 때면 일어나는 시간이 늦어지기도 하고 들쑥날쑥하기도 했다.

새벽 3시에 일어나 어떻게 책을 쓸지 구상하며 제대로 체계를 잡아가기 시작했고 매일 산책을 하기 시작했다. 지금 할 수 있는 것(혹은 해야 하는 것)을 하는 것이 '일상에 꿈을 녹여내서 사는 것'이라는 걸 새삼 알아차리게 되면서 꿈을 일상으로 가져와 책을 써가기 시작했다.

꿈을 일상에 녹여내려면 지금 할 수 있는 것을 '해야' 한다. 물론 그 전에 하고 싶은 일이 무엇인지, 지금 해야 하는 일과 할 수 있는 것이 무엇인지를 찾아내 우선순위를 정해 놓아야 한다. 그리고 나서 그 일에 에너지를 쏟으면 된다.

★ **꿈을 일상에서 사는 것** = 지금 할 수 있는 것을 하는 것. 그 일에 에너지를 쏟는 것

★ **꿈을 일상에서 살지 않는 것** = 지금 할 수 있는 것을 '안' 하는 것. 안 해도 되는 일에 에너지를 쏟는 것

3. 꿈에도 본질과 현상이 있다

일어나는 모든 일에는 본질과 현상이 있다. 현상은 우리 눈에 보이는 것으로 변화무쌍하며 복잡하다. 반면 본질은 우리 눈에 잘 보이

지 않는 것으로 변하지 않으며 간단하다. 쉬운 말로 본질은 알맹이에, 현상은 껍데기에 비유할 수 있다. 여기서는 꿈에도 본질과 현상이 있다는 것을 이야기 하려고 한다.

'내 꿈은 돈을 많이 버는 것입니다.'

꿈에 관한 설문조사 결과 가장 높게 나온 것이 '돈을 많이 버는 것'이라고 한다. 꿈을 본질과 현상의 측면에서 봤을 때 이것은 '본질'이 아닌 '현상'이다. 알맹이가 아닌 껍데기이다. 무엇이든 제대로 만나려면 껍데기(현상)가 아닌 알맹이(본질)를 만나야 한다. 그런데 본질을 만나는 것이 쉽지 않다.

알맹이를 만나려면 그것을 둘러싸고 있는 껍데기를 하나하나 벗겨가야 한다. 그러나 한 꺼풀 껍질을 벗기는 것도 쉽지 않다. 껍데기 하나하나마다 마침표가 만들어 놓은 단단한 벽이 있기 때문이다. 그 것이 껍데기를 보호해 주고 있어 벗겨내기가 힘들다. 그런 껍데기를 하나씩 벗겨가는 방법은?

마침표의 위력을 무력화시키는 물음표를 꽂는 방법밖에 없다. 물음표와의 만남은 나 자신과의 만남인데, 꿈은 나에게만 특성화되어 있기 때문에 더욱더 그렇다.

'나는 왜 돈을 많이 벌고 싶은 걸까? 돈이 많으면 무엇을 하고 싶은 거지? 돈이 무한히 있다고 가정하고, 하고 싶은 일을 끄적거려 볼까? 배우고 싶은 것은? 가보고 싶은 곳은? 갖고 싶은 것은? 만나고 싶은 사람은? 해 보고 싶은 일은?…' 그렇게 버킷 리스트를 생각나는 대로 아주 작은 것부터 빠짐없이 끄적거린다.

'하고 싶다고 적은 일들 중에 내가 정말 뿌듯함을 느낄 수 있는 일은 뭐지? 별로 뿌듯하지 않은 일은 뭐지? 왜 이 일을 하면 뿌듯하다고 느낄까? 난 어떤 일을 할 때 기쁘고 행복하지?' 껍데기를 벗기기 위한 물음표를 꽂아가야 한다.

물음표를 얼마나 꽂았느냐, 물음표를 꽂다가 마침표를 어디에 찍었느냐에 따라 꿈이 본질까지 갔느냐, 현상에서 그쳤느냐가 결정된다. 꿈을 찾고 만나가는 과정에 마침표를 어디에 찍었느냐가 내 꿈이 껍데기인지, 껍데기를 몇 꺼풀 벗긴 것인지, 알맹이인지를 결정한다.

꿈에도 수준이 있다. '나만 잘 살면 된다.'는 식의 좁고 얕은 수준의 꿈이 있고, '나와 더불어 모든 사람들이 잘 살도록 하겠다.'는 넓고 깊은 수준의 꿈이 있다. 누구나 자기 수준만큼의 꿈을 가지고 있다. 첫 시작이 어떤 수준이든 물음표를 꽂는 횟수가 늘어가고 물음표를 깊게 만나갈수록 꿈은 더 넓어지고 깊어진다.

나는 젊음을 간직하고 사는 그대의 꿈이 현상이 아닌 본질이 되길 소망한다. 껍데기를 찾는 데서 그치는 것이 아니라, 껍데기를 하나씩 벗겨가면서 알맹이를 찾아내길 간절히 바란다. 좁고 얕은 것을 품은 꿈에서 그치는 것이 아니라 넓고 깊은 꿈으로 확장되어 가기를 간절히 바란다. 그런 가정을, 직장을, 학교를, 나라를 꿈꾼다. 그래서 꿈꾸는, 아니 꿈을 사는(~is living) 대한민국이 되길 꿈꾼다!

question mark revolution

10

일상작품 :
미디어 기기를 끄고
전두엽을 켜라!

Chapter 10

일상작품:
미디어 기기를 *끄고*
전두엽을 켜라!

이제 마지막 장이다. 마지막 장에서는 일상을 작품하는 것에 대해 다룬다.

툭 까놓고 일상이 바뀌지 않으면 아무 것도 안 된다. 이 책을 읽었다고 되느냐? 전혀 안 된다. 책과 접속해 있는 잠깐 동안은 책의 의식 지수만큼 높아질 수 있다. 하지만 책을 덮는 순간 다시 내 일상으로 돌아가게 된다. 책을 만날 때는 책이 만들어내는 새로운 시공간을 만난 것이다. 하지만 그 시공간이 사라지면 다시 자신의 일상을 만나게 된다.

내 일상에 물음표혁명이 녹아들지 않으면 아무 것도 안 된다. 책한 번 읽은 것으로 끝이다. 한 번 반짝이는 일회성으로 끝나고 만다. 그렇기 때문에 일상을 작품해야 한다.

1. 일상은 마음과 공간의 합작품

먼저 우리가 흔히 말하는 일상이란 것이 무엇인지, 왜 이것들이 일상이 되었는지, 공간이 일상에 어떻게 영향을 미치는지를 살펴보자.

일상이란?

일상(日常)이라는 글자 그대로 일상은 하루라는 삶에 꼭 들어가 있는 것, 나와 같이 살고 있는 것, 내 삶에 녹아 있는 것, 삶에서 떼어낼 수 없는 것, 익숙해져 버린 것들이다. (※ 일(日) : 날, 하루 | 상(常) : 항상, 늘)

예를 들어 자고 일어나는 것, 밥 먹는 것, 씻는 것, 직장에 일하러 가는 것, 스마트폰 하는 것, 컴퓨터 하는 것, 텔레비전 보는 것, 게임하는 것, 책 읽는 것, 설거지 하는 것, 청소하는 것, 운동하는 것, 술 마시는 것 등이 일상이다.

그렇다면 모든 사람들의 일상이 똑같을까? 아니다. 사람마다 저마다의 일상을 가지고 있다. 누구에게는 일상인 것이 누구에게는 일상이 아닐 수 있다.

아침밥을 먹는 것이 일상인 사람이 있다. 하지만 아침밥을 거르는 것이 일상인 사람도 있다. 빨래를 하고 너는 것이 일상인 사람이 있다. 하지만 빨래하는 것과는 상관없이 사는 사람도 있다. 그 사람에게는 빨래를 하고 너는 것이 일상이 아니다. 설거지가 누구에게는 일상이지만 누구에게는 일상이 아니다. 누구에게는 하루 두 시간 이상 텔레비전을 보는 것이 일상이다. 하지만 모두가 텔레비전을 보는 것은 아니다. 책을 읽는 것이 일상인 사람이 있는 반면 책을 거의 안 읽는 것이 일상인 사람도 있다. 틈 날 때마다 스마트폰을 하는 것이 일상인 사람이 있다. 하지만 틈 날 때마다 책을 읽거나 다른 것을 하는 것이 일상인 사람도 있다.

이처럼 모든 사람의 일상이 같은 것은 아니다. 일상은 저마다 다르다.

또한 일상은 비어 있지 않고 꽉 차 있다.

예를 들어 아침 6시 반부터 7시까지 밥 먹는 것이 일상인 사람이 있고, 그 시간에 잠을 자서 아침밥을 먹지 않는 것이 일상인 사람이 있다. 이 경우 30분이라는 시간이 한 사람에게는 아침밥을 먹는 일상으로 차 있지만 다른 사람에게는 잠을 자는 일상으로 차 있다.

밤 9시부터 11시까지 텔레비전을 보는 것이 일상인 사람에게는 그 시간이 텔레비전을 보는 일상으로 차 있다. 하지만 그 시간에 책을 읽거나 다른 공부를 하거나 잠을 자는 것이 일상인 사람에게는 텔레비전을 보는 것이 아닌 다른 것으로 일상이 차 있다.

이처럼 일상은 비어 있지 않다. 지금의 일상은 내가 못 알아차릴 뿐이지 무엇인가로 가득 차 있다.

그대의 일상은 무엇으로 차 있는가?

어떤 것들이 일상을 채우고 있는지 찾아보려면 일상을 시간 순서대로 쭈욱 써보면 된다. 시간대 별로 찾아보고 시간의 흐름과 상관없이 하는 것도 찾아보라. 글똥누기를 하면 쉽게 찾을 수 있다.

'내 일상을 한 번 적어볼까? 아침에 일어나는 것부터 밤에 잠들기까지의 것들을 쭈욱 써보자. 아침에 일어날 때는 어떻게 일어나지? 몇 시에 일어나지? 일어나자마자 주로 하는 것은 뭐지? 화장실에 갈 때는 스마트폰을 들고 가고, 출근 준비를 하면서 TV를 보고, 책은 전혀 안 읽네? 직장에 가는 동안은 뭘 하지? 24시간 거의 스마트폰과 같이 사는구나. TV도 자주 보고, 컴퓨터 게임도 조금 하고, 술을 마실 때도 많고… 직장(학교)에서는 주로 어떻게 지내지? 어떤 사람을 자주 만나고 어떤 행동을 자주 하지? 저녁에 집에 와서는 뭘 하지? 잠 자기 전까지 주로 뭘 하지? 시간 날 때마다 틈틈이 스마트폰을 쥐고 있구나…'

생각나는 것들을 글똥누기 하다 보면 그대의 일상을 채우고 있는 것이 무엇인지 알게 될 것이다.

왜 이런 것들이 일상이 되었을까?

그렇다면 왜 이것들이 내 일상을 채우고 있는 걸까? 이것들이 내 일상이 된 이유는 무엇일까?

일상이 된 이유는 나도 모르는 사이에 그것들이 우선순위가 되었기 때문이다. 무의식적으로 반복하다 보니 내 삶에 녹아든 것이다.

무엇이든 일상이 되려면 마음과 공간이라는 두 가지 요소를 만족시켜야 한다. 보통 시간을 따로 떼어내서 마음, 시간, 공간, 세 가지 요소로 나눌 수 있지만 나는 시간을 마음에 포함시켰다. 시간은 만들려고 하면 만들어지고 안 만들려고 하면 안 만들어진다는 말이 있듯이 시간은 마음의 문제이기 때문이다.

　일상이 되려면 왜 마음과 공간, 두 가지 요소를 만족시켜야 하는지 예시를 통해 살펴보자.

　텔레비전을 보는 것이 일상인 사람이 있다. 일상이 된 이유는 저녁 9시부터 11시까지 텔레비전을 봐야지라는 마음도 있고, 텔레비전을 볼 수 있는 거실과 방도 있기 때문이다. 이렇게 마음과 공간이 충족되면 텔레비전을 보는 것이 일상이 된다. 그러나 아무리 보고 싶은 마음이 있다 해도 집에 텔레비전이 없다면 텔레비전을 보는 것이 일상이 될 수 없다.

　틈틈이 책을 읽는 것이 일상인 사람이 있다. 이 사람은 1~2분이라도 틈날 때마다 책을 읽어야지. 화장실에 갈 때는 책을 들고 가야지. 일어나자마자 책을 봐야지라는 마음이 있고, 손을 뻗으면 책을 잡을 수 있는 공간 속에서 산다.

　틈틈이 스마트폰을 하는 것이 일상인 사람도 마찬가지다. 틈 날 때마다 스마트폰을 해야지라는 마음과 손 뻗으면 닿을 거리에 언제나 스마트폰이 있기 때문에 일상이 된 것이다. 만약 스마트폰이 없다면 (2G폰이라면) 이런 일상은 만들어지지 않는다.

　이처럼 일상이 되려면 '마음과 공간' 두 가지를 만족시켜야 한다.

공간은 일상에 어떤 영향을 미치는가?

일상이 되도록 하는 요소인 마음과 공간은 서로 영향을 주고받는다. 마음의 영향으로 공간이 바뀌기도 하고, 공간의 영향으로 마음이 바

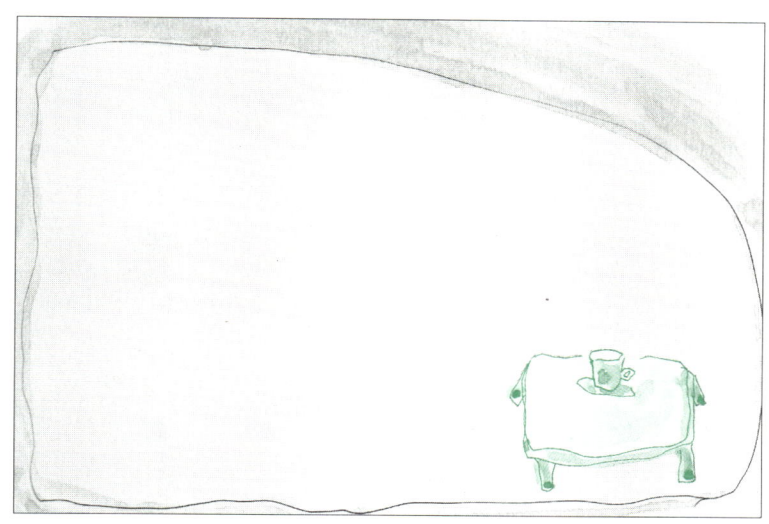

꿔기도 한다. 특히 공간이 만들어내는 에너지장은 마음에 굉장히 큰 영향을 미친다.

'책을 읽겠다.'는 마음을 먹었는데 TV가 켜져 있고 시끄러운 음악이 나오며 게임을 하고 있는 공간이라면 마음먹은 대로 되지 않는다. 공간이 만들어내는 에너지장이 마음에 영향을 주어 '에이~ 지금은 드라마 좀 보고 책은 나중에 읽자. 게임이나 하지 뭐.'와 같은 다른 마음을 만들어낼 수 있다.

'TV 좀 그만 봐야지. 스마트폰 좀 줄여야지.'라고 마음먹었지만 거실에 텔레비전이 늘 켜져 있고, 스마트폰이 언제나 손닿을 거리에 있다면 마음먹은 대로 되지 않는다.

'무언가를 하겠다.'는 마음은 보이지 않기 때문에 아직 '살아 있지 못한' 상태이다. 마음은 공간을 만나야 생명력을 얻어 삶에 나타날 수 있다. 마음이 공간을 만나지 못하면 생명력을 얻지 못한 채 사라지고 만다.

'나는 두 시간 동안 TV를 보겠어. 게임을 하겠어.'라는 마음도 마찬가지다. 이 마음이 생명력을 얻어 살아 있게 되려면 공간을 만나야 한다. TV를 볼 수 있는 공간, 게임을 할 수 있는 공간을 만나야 생명력을 얻어 '살아 있게'(TV를 보거나 게임을 하게) 된다. 만약 TV나 컴퓨터 등을 접할 수 없는 공간이라면 두 시간 동안 TV를 봐야지. 게임을 해야지라는 마음은 생명력을 얻지 못한다. 만나야 할 공간을 만나지 못했기 때문에 생명력을 얻지 못해 결국 그 마음은 사라지게 되고 다른 마음으로 채워지게 된다. 이처럼 공간이 마음과 일상에 미치는 영향력은 무시할 수 없을 만큼 크다.

이 부분은 중독과 밀접한 관련이 있으니 중독에 대해 짧게 짚어 보자. 중독이 되었다는 것은 그것 없이 생활하지 못할 만큼 습관적인 일상이 되었다는 것이다. 뇌로 보면 중독은 이미 전두엽이 스스로를 컨트롤하지 못할 만큼 강하고 굳은 신경망이 형성되어 있는 것이다.

무언가에 중독되었다는 것은 마음과 공간이 서로 합작하여 만들어낸 결과물이다. 그것을 하려고 마음을 먹었고, 그것이 가능하도록 공간을 만들어 놓았다. 내 삶의 우선순위를 그것에 두어 에너지의 대부분을 중독된 일에 쓰고 있는 것이다. 그렇게 뇌에 큰 길을 내버린 것이다.

중독을 끊으려면 기존의 공간과 마음, 두 가지를 끊고 새로운 공간과 마음을 만나야 한다. 하지만 쉬운 일이 아니다. 중독되었다는 것은 뇌 시스템이 이미 그렇게 길들여져 있다는 것이니까.

중독을 끊는 방법은? 공간의 영향력이 가장 크기 때문에 공간을 새롭게 하는 것이 가장 효과적이다. 마음가짐을 새롭게 하는 것은 두말 할 필요도 없다.

게임ⓢ이라는 자극을 접하지 못하도록 공간을 바꾸는 것 외에는 답이 없다. 즉 그런 것을 접할 수 없는 공간에서 살아야 한다. 그런 공간이 되도록 만들어야 한다. 게임ⓢ을 전혀 접할 수 없는 공간이 조성되면, 뇌에서 '이건 안 되는구나.'라고 스스로 판단을 하게 된다. 그렇게 되면 뇌는 결국 새로운 길을 찾는다.

2. 미디어 기기를 끄고 전두엽을 켜라!

일상은 내가 못 알아차릴 뿐이지 무엇인가로 가득 차 있다. 비어 있지 않고 가득 찬 일상에 새로운 일상을 집어넣으려면 일상을 새롭게 해야 한다. 내공을 갉아먹는 만남, 몸과 정신을 건강하지 않게 만드는 만남, 전두엽을 끄게 만드는 만남들을 일상에서 없애고 나를 성장시키거나 내공을 쌓아주는 만남으로 새롭게 일상을 만들어야 한다.

일상을 새롭게 하는 것을 나는 '일상을 작품한다'라고 표현하고 싶다. '작품한다'는 말은 주로 예술가들이 사용한다. 이 말에는 모든 것을 걸고 심혈을 기울여 만든다는 뜻이 녹아 있다. 그래서 작품을 할 때는 자신의 에너지 100%를 쏟아 그 일에 몰두한다. 대충하거나 건성건성 하지 않고 목숨 걸고 몰입해서 한다.

우리는 일상을 작품하려고 한다. 작품의 대상은 바로 일상이다. 작품을 하려면 에너지를 쏟아야 한다. 그러니 대충하려면 하지 마라. 진짜 마음을 먹고 해라. 그래야 일상을 작품할 수 있으니까.

다짐을 먼저 만나라!

이미 일상이 된 것을 빼내는 것은 쉽지 않고, 새로운 것을 일상에 넣는 것도 어렵다. 이것이 가능하려면 '마음의 힘'이 있어야 한다. 느낌표가 찍힌 마음이라고 해야 할까? 결심, 다짐, 간절함이라고 해야 할까?

이런 마음을 만나려면 글똥누기를 하면서 내가 정말로 원하는 것이 무엇인지 본질을 찾아가야 한다. 일상을 중심으로 마음, 시간, 공간을 살펴본다. 생활하면서 자주 접하는 사물이나 사람, 공간 등이 외감과 내감에 어떤 영향을 주는지도 살펴본다.

'내가 진정으로 살고 싶은 삶을 왜 못 살고 있지? 어떤 것들 때문이지? 어떤 것들을 내가 자주 접하지? 이런 것을 끊으려면 어떻게 해야 할까? 새롭게 어떤 것을 접해야 할까? 무엇을 바꿀 수 있을까? 아니 무엇을 바꿔야 할까?'

'거실에 있는 텔레비전은 어떤 영향을 미치지? 정리되지 않은 신발장은? 컴퓨터가 저 위치에 있는 것이 최선일까? 스마트폰만 쥐고 사는데 어떻게 할까? 내가 주로 만나는 사람들은 누구지? 그 사람들은 나에게 어떤 영향을 미치지? 그 사람은 나에게 좋지 않은 영향만 끼치는데 어떻게 해야 멀리할 수 있을까? 내가 주로 가는 곳은 어디지? 그 공간이 나에게 미치는 영향은 뭘까? 새롭게 갈 곳을 찾아볼까? 어떤 곳이 좋을까? 도서관을 한 번 가볼까? 주변에 어떤 도서관이 있지? 책에 미쳐서 살려면 어떻게 하면 될까? 자연을 접할 수 있는 산을 주말마다 가볼까? 버킷 리스트를 쓰면서 배워보고 싶은 것이 생겼는데 그것을 배워볼까? 어디서 배울 수 있지?…'

이렇게 글똥누기를 하다보면 물음표가 느낌표로 바뀌는 순간이 있다. 다짐을 만난다고 해야 할까? 그런 다짐을 실제로 하는 것이 공간을 '작품하는' 것이다.

공간을 작품한다는 것은 익숙했던 공간과의 결별이며, 익숙했던 사람과의 멀어짐이기도 하다. 뼈와 살을 깎는 아픔과 결단이 필요하기도 하다. 그것을 이겨내야 공간을 작품할 수 있다. 공간을 작품하면 새로움을 만날 수 있다. 혁명 속에서 살아갈 수 있다.

미디어 기기를 끄고 전두엽을 켜라!

어딜 가든 미디어 기기가 자리 잡고 있기 때문에 우리가 사는 공간은 이미 전두엽을 꺼 버리는, 전두엽을 죽이고 있는 최악의 환경이다. 그런 문화이고 그 속에서 살고 있기 때문에 다른 사람들이나 사회가 이미 만들어 놓은 공간은 어떻게 할 수 없다.

하지만 내가 사는 공간은 바꿀 수 있다. 다른 곳은 몰라도 내가 생활하는 공간만큼은 전두엽이 맘껏 춤출 수 있는 공간으로, 물음표와 찐하게 데이트할 수 있는 공간으로 만들 수 있다. 그런 공간을 만들어야 사람다움, 나다움, 꿈, 가슴 뜀, 감사, 즐거움, 재미, 뿌듯함, 미소, 감사, 행복이 내 삶에 꽃 필 수 있다.

그렇다면 어떻게 해야 미디어 기기와 함께 살면서도 전두엽이 춤출 수 있는 공간으로 만들 수 있을까?

가장 먼저 TV를 치워라!

어딜 가든 TV가 있다. 택시, 버스, 전철, 음식점, 슈퍼, 미용실, 심지어 엘리베이터 안까지 TV가 없는 곳을 찾아보기 힘들 정도이다.

가족 간의 대화가 사라지기 시작했고 책을 읽는 시간이 줄어들기 시작했으며 정치에 무관심해지기 시작했다. TV로 접하는 정보를 어떤 비판도 없이 사실로 받아들이는 사람들이 많아지면서 왜곡된 여론에 길들여지기 시작했다. 물음표를 꽂지 않고 마침표를 찍는 마침표종이 되기 시작한 것이다.

TV는 다른 미디어 기기와 달리 '일방적'이다. TV가 켜져 있는 동안 영상자극이 끊임없이 흘러나온다. 내가 멈추고 싶다고 멈출 수 있는 것이 아니다. 끄지 않는 한 자극이 계속 들어온다. 강한 영상자극이 쉬지 않고 계속 되기 때문에 다른 뇌들만 켜지고 전두엽은 일방적으로 꺼진다. 이런 자극을 받지 않으려면 방법은 한 가지밖에 없다.

TV를 끊을 수 있는 유일한 방법은 집에서 완전히 몰아내는 것뿐이다. TV를 없애야 한다.

'꼭 그렇게까지 해야 하나요? TV는 그대로 놔두고 안 보면 되잖

아요.'

TV가 집에 있는 상태에서 꺼 놓기만 한다는 건 거의 불가능하다. TV 자극을 접하는 순간, TV를 켜는 순간, 전두엽은 꺼지게 되고 다른 뇌들은 자동으로 반응하기 시작한다. 다음 장면을 궁금해 하기 때문에 TV를 켜는 순간 끌 수가 없다. 이건 뇌의 본능적 반응이다.

그래도 TV를 없애기 싫다면 전원과 연결이 되지 않도록 베란다나 창고로 빼라. 물론 TV 프로그램 중에 유익한 것도 있고 너무나도 보고 싶은 프로그램이 있을 수 있다. 그런 경우는 나중에 컴퓨터로 다운을 받아서 보면 된다. 꼭 본방을 사수하고 싶다면 다른 곳을 찾아가서 보거나, TV를 다른 곳에 치웠을 경우에는 그 시간에만 TV를 꺼내와서 전원을 연결해서 보라.

내가 아는 지인들 중 몇 명은 집에 TV가 없다. 우리 집도 TV가 없다. 이렇게 TV가 아예 없으면 없는 것에 익숙해진다. TV를 치우면 수많은 것들을 얻게 된다. 하지만 TV가 있으면 수많은 것들을 잃게 된다. 그대는 많은 것을 얻으며 살고 싶은가? 잃으며 살고 싶은가?

꼭 필요할 때만 컴퓨터를 켜라!

컴퓨터는 TV처럼 없앨 수가 없다. 정보화시대에 이것이 없으면 업무를 처리하기 힘들고 정보를 찾아내기도 힘들다. 즉 이것은 삶에서 없어서는 안 되는 도구이다.

컴퓨터는 게임, 검색, 쇼핑, 업무 등을 하는데 주로 사용된다. 게임에 중독되었거나, 뚜렷한 목적 없이 시간을 죽이며 웹서핑을 하거나, 사색이 전혀 없는 검색을 하는 것이 문제이지 꼭 필요한 것들만 한다면 컴퓨터를 사용하는 데 아무 문제가 없다.

게임에 중독될 경우 전두엽이 전혀 발달하지 못하기 때문에 사회 관계 능력이 현저히 떨어진다. 사람과 관계를 맺지 못하기 때문에 더욱더 게임에 빠져들게 되고 이것이 악순환 된다. 물론 이 경우는 게임에 심각하게 노출된 사람(특히 아이들)에게 해당된다. 여하튼 게임은 당연히 끊어야 하기 때문에 컴퓨터에 게임을 깔아 놓았다면 삭제해야 한다. PC방에서 게임을 한다면 PC방 가는 것을 끊어야 한다.

컴퓨터를 켰는데 딱히 할 게 없다면 이건 기회다! 글똥누기를 할 기회. 이런 경우 컴퓨터로 글똥누기를 해라. 글똥누기 파일을 하나 만들어서 하면 된다. 괜히 시간을 죽이는 웹서핑 하지 마라.

컴퓨터가 만들어내는 에너지장을 바꾸려면 컴퓨터 위치를 바꾸는 것도 좋은 방법이다. 컴퓨터를 책상의 중간에 놔두면 책을 펴고 싶은 분위기보다는 컴퓨터를 켜고 싶은 분위기가 만들어진다. 컴퓨터를 가장자리로 밀어내는 것만으로도 이런 분위기를 바꿀 수 있다.

스마트폰은 이렇게 사용하라!

스마트폰은 인간의 본능인 소통하고자 하는 욕구를 만족시켜 주는 도구이다. 언제 어디서든 휴대할 수 있고 24시간 실시간 알림 서비스를 제공할 뿐만 아니라 콘텐츠를 무한으로 제공하기 때문에 가장 중독성이 강한 아주 무서운 도구이다.

스마트폰은 TV와 달리 일방적이지 않고 쌍방향적이다. 쌍방향이라 해도 내가 클릭하거나 손대지 않으면 반응하지 않고 가만히 있다. 내가 명령을 내린 것에 대해서만 수행을 한다. '쌍방향적'이라는 것과 '손을 대야만 반응한다'는 특성이 스마트폰의 위험성과 함께 효율적인 사용법을 알려주고 있다.

카카오톡(가가오스토리), 페이스북, 트위터 등의 SNS가 대중적인 인기를 얻는 이유는 소통하려는 인간의 본능적인 욕구를 자극하기 때문이다. 댓글이나 좋아요, 추천 등의 숫자 하나로 사람의 감정이 좌지우지 되는 건 어쩌면 인간의 본능일지도 모른다.

실시간알림 서비스는 뇌 측면에서 보면 아주 강력한 자극이다. 알림 서비스가 오면 확인하고 싶어진다. 그리고 확인을 해야 한다. 그게 바로 뇌의 본능이다. 스마트폰은 뇌의 본능을 아주 잘 자극하고 있다. 집중하지 못하도록, 산만해지도록, 전두엽을 꺼버리는, 이런 스마트폰을 어떻게 사용해야 하느냐에 대한 정답은 없다. 하지만 아무 의식 없이 사용하면 전두엽이 꺼지게 되고 그만큼 잃는 것이 커진다.

스마트폰 사용으로 잃는 것을 줄이고 얻는 것을 늘리려면 어떻게 해야 할까? 규칙을 정해야 한다. 사용하는 시간과 공간을 정하는 것이 좋다. 틈틈이 스마트폰을 해야겠다는 마음의 우선순위도 다른 것으로 바꾸어야 한다.

시간 규칙의 경우 예를 들어 밤 10시 이후에는 사용을 금지한다. 스마트폰의 본질은 소통이지만 소통을 24시간 내내 할 필요는 없다. 늦은 밤부터 다음 날 아침까지 잠시 떨어져 있어도 소통에 전혀 문제가 없다. 홀로 있음을 견디지 못해 늦은 밤이나 새벽까지 대화를 주고 받는 사람들이 많은데 홀로 있음을 즐겨야 한다. 함께 있음도 즐길 수 있고, 홀로 있음도 즐길 수 있는 것이 나를 사랑하는 길이다.

또한 스마트폰은 아이들이 있을 때는 사용하지 않아야 한다. 스마트폰이 보급되면서 영유아기 아이들은 스마트폰과 하나의 유기체처럼 되어 가는 시대가 되었다. 뇌의 성장이 가장 왕성한 이 시기에 스마트폰을 접하도록 하면 전두엽 발달에 치명상을 주게 된다.

'내 아이는 정말 똑똑한 가 봐. 스마트폰을 사용할 줄 알아.' 아니다. 스마트폰의 자극은 빠르고 강하며 지속적이고 실시간이다. 손가락을 대면 즉각 반응이 나오기 때문에 아이들은 빠져들 수밖에 없다. 그래서 한 번 접하는 것만으로도 아이는 빠져들게 된다. 스마트폰과 아이를 함께 놔두는 것은 스마트폰의 강한 자극에 아이의 전두엽이 커지지 못하도록, 이 시기에 발달해야 할 정서뇌(대뇌변연계)가 발달하지 못하도록 방치하는 것이다. 방목이 아닌 방치다. 스마트폰을 하는 아이의 뇌는 뇌발달에 치명상을 입는다.

이 시기의 아이들에게는 시끄럽고 빠르며 자극적인 미디어 자극보다는 조용하고 느리며 자연적인 자극이 필요하다. 이 시기는 정서가 발달하는 시기로 부모와의 애착관계를 형성해야 하는 시기이다. 스마트폰과 같은 미디어 기기와 애착관계를 형성하는 시기가 절대 아니다. 대뇌변연계가 잘 발달되어야 정서가 건강한 아이가 된다. 그러니 제발! 아이들 앞에서 스마트폰은 사용하지 마라. 아이에게 스마트폰 절대로 던져주지 마라!

우리 집에서도 아이들이 스마트폰에 빠져든 적이 있었다. 엄마와 아빠가 스마트폰을 하니까 옆에서 보더니 만져보게 되고 그 결과 스마트폰만 찾는 중독 증세가 나타났다. 아이가 있을 때는 스마트폰을 사용하지 말자라고 서로 약속하고 사용하지 않기 시작했다. 그렇게 며칠이 지나자 아이들은 스마트폰을 찾지 않게 되었다. 물론 가끔 스마트폰을 접하게 될 때는 쏙 빠져들긴 하지만 이제 그만하고 주세요라고 말하면 고집부리지 않고 줄 만큼 컨트롤 할 수 있는 힘이 생겼다. 엄마와 아빠가 필요할 때만 사용하는 모습을 아이들에게 보이면 아이들은 부모의 모습을 보고 그렇게 배우게 될 것이다.

어떤 환경을 만들어 주느냐에 따라 내 뇌를 방치하느냐 방목하느냐가 결정된다. 틈 날 때마다 무엇을 집어 드느냐에 따라 건강한 뇌가 되기도 하고 건강하지 않은 뇌가 되기도 한다. 그대는 뇌를 방치할 것인가? 방목할 것인가?

미디어 기기의 자극들은 전두엽을 꺼버린다. 그러니 일상에 미디어 기기가 침투하는 시간을 최소화해라. 그래야 책을 만날 수 있고, 내 안에 물음표와 느낌표가 깨어나게 되고, 꿈을 찾아갈 수 있고, 나다움을 꽃 피울 수 있다.

이제 우리가 할 일은 TV는 고물상에 내다 팔고, 컴퓨터를 사용할 때는 사색이 주가 되어 꼭 필요한 것만 하고, 스마트폰은 내 손에서 풀어 놓는 것이다.

컴퓨터든 스마트폰이든 사용할 때는 '내가 지금 이걸로 뭘 하려고 하지? 꼭 필요한 일인가?' 전두엽을 켜는 물음표를 꽂아라. 특히 내 손을 떠나지 않는 스마트폰의 경우 틈틈이 스마트폰 대신 책을 집어 드는 것이 가장 좋다.

3. 전혀 다른 시간 속으로

"나비가 되기로 결심하면… 무엇을 해야 되죠?"

"나를 보렴. 나는 지금 고치를 만들고 있단다. 내가 마치 숨어 버리는 듯이 보이지만, 고치는 결코 도피처가 아니야. 고치는 변화가 일어나는 동안 잠시 들어가 머무는 집이란다. 고치는 중요한 단계란다. 일단 고치 속에 들어가면 다시는 애벌레 생활로 돌아갈 수 없으니까. **변화가 일어나는 동안, 고치 밖에서는 아무 일도 없는 것처럼 보일지 모르지만, 나비는 이미 만들어지고 있는 것이란다. 다만 시간이 걸릴 뿐이야!**" – 『꽃들에게 희망을』

시간에는 물리적 시간이 있고 상대적 시간이 있다. 일상을 작품해서 물음표혁명 속에서 사는 것은 물리적 시간이 아닌 상대적 시간 속에서 사는 것이다.

초등학교 시절 한 번 쯤 읽어봤을 만화책인 드래곤볼에 보면 주인공들이 짧은 시간에 내공을 높이는 수련을 하기 위해서 '정신과 시간의 방'이라는 곳에 들어간다. 그곳에 들어가면 하루만 수련해도 1

년의 효과가 나온다. 비슷한 내공을 가진 두 사람 중 한 사람만 '정신과 시간의 방'에 들어간다. 3~4일 있다가 나왔는데 들어간 사람과 안 들어간 사람 수준이 하늘과 땅 차이가 난다. 전에는 비슷한 수준이었는데 이제는 게임이 안 되는 수준이 된 것이다.

그런데 이것이 만화에서만 일어나는 일이 아니다. 실제 삶에서도 일어난다. '정신과 시간의 방'에 들어가는 것은 혁명 속으로 들어가, 혁명이 일어난 일상 속에서 사는 것을 뜻한다. 반면 '정신과 시간의 방'에 안 들어가는 것은 일상에 어떠한 혁명도 없이 그냥 사는 것을 나타낸다.

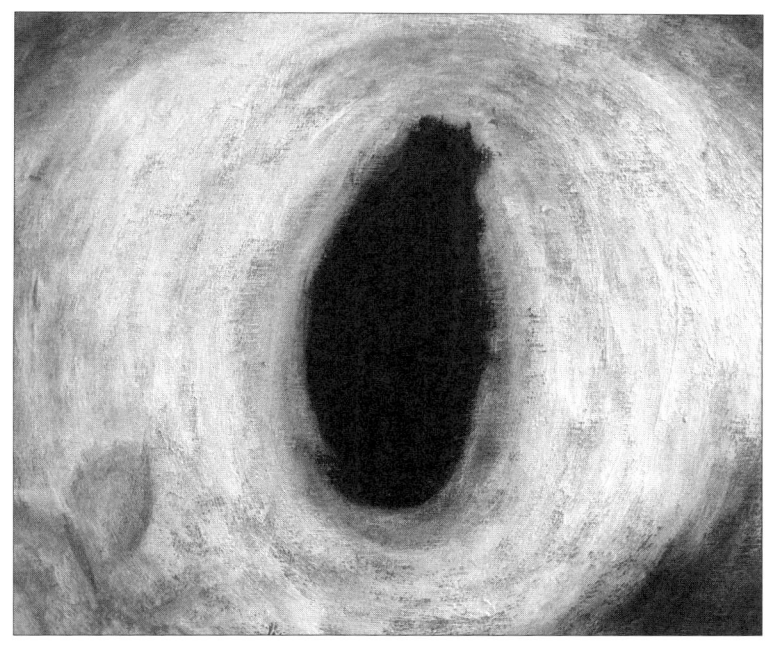

예를 들어 두 사람이 6개월을 살았다. 한 사람은 '일상작품'을 해서 물음표혁명 속에서 6개월을 살았다. 이 사람은 자신은 잘 모르지만 6개월 동안 높은 수준의 에너지장에 접속해서 혁명의 시간 속에서 6개월을 산 것이다. 마침표가 아닌 물음표를 꽂겠다는 다짐 속에 의식적으로 물음표를 꽂아 전두엽을 켜고 살았고, 하루도 빠짐없이 책과 같이 살고, 글똥누기를 하며 살았다. 또한 매일 아침을 만세삼창으로 시작하고, 하루 중 틈틈이 그냥 씨~익 웃기를 하며 자신의 몸에 긍정의 에너지가 흐르도록 했다.

그에 반해 또 한 사람은 혁명 없이 살았다. 평소 살던 대로 6개월을 살았다. 높은 수준의 에너지장에 접속되어 산 것이 아니라 자신이 가지고 있는 의식 수준에서 살았다. 머리와 가슴에 자동으로 마침표를 찍으며 전두엽이 꺼진 채 살고, TV를 비롯해 컴퓨터와 스마트폰 등에 빠져 살았다. 책을 읽어볼까? 하다가 관뒀고, 매일 아침을 평소처럼 멍하게 혹은 짜증으로 시작했다. 또한 틈틈이 짜증과 불만 속에 얼굴에 인상을 쓰며 살았다.

6개월이 지나고 나서 두 사람은 어떻게 변했을까? 둘 다 물리적 시간으로는 6개월을 살았지만 상대적 시간으로는 전혀 다른 시간을 살았다. 혁명 속에서 밀도 있게 산 사람의 6개월은 물리적 시간으로는 측량할 수 없다.

사랑하는 사람과 헤어졌다. 에너지를 쏟으며 추진했던 일이 틀어져버렸다. 예상하지 못한 일 때문에 너무 속상하고 마음이 아프고 눈만 감으면 눈물이 나고 화가 난다. 그런 일을 경험했다.

물음표혁명 속에 사는 사람과 혁명 없이 사는 사람 둘 다 같은 일을 경험했다고 할 때, 이 일이 일어난 후부터의 경험은 달라진다.

　　혁명 없이 사는 사람은 '시간이 지나면 나아질 거야.' 시간이 해결해 줄 거라고 믿으며 산다. 하지만 그 일을 깊게 만나지 않고 피하려고 하기 때문에 틈틈이 괴로울 수 있고 어쩌면 평생 그 일을 안고 갈 수도 있다.

　　반면 혁명 속에서 사는 사람은 그 일을 굉장히 깊고 넓게 만난다. 그래서 마음이 너무 아프고 속상하고 화가 나기도 한다. 하지만 피하지 않고 깊게 만나가다 보면 어느 순간 부정적인 감정과 생각들이 사라진다. 아픔과 속상함과 화남 같은 것들이 사라진다. 아니, 사라지는 것이 아니라 열역학 제1법칙처럼 다른 것으로 변한다. 그래서 혁명 없이 사는 사람에게는 굉장히 긴 시간이 지나야 치유가 되거나 평생을 가도 해결되지 않을 것이 이 사람에게는 어느 순간 해결된다.

　　'아~ 이런 것이었구나.' 새로운 알아차림을 만난다. 일어난 일에 대해 '아픔, 속상함, 화남…'이라고 이름을 붙였는데, 이제는 '나를 성장시킨 것, 나를 더 아름답게 만든 일, 내공을 쌓아준 일, 감사한 일…' 이렇게 다른 이름을 붙인다.

　　"변화가 일어나는 동안, 고치 밖에서는 아무 일도 없는 것처럼 보일지 모르지만, 나비는 이미 만들어지고 있는 것이란다. 다만 시간이 걸릴 뿐이야!"

4. 일상 작품을 마무리하며

물음표혁명을 일상에 녹이려면 어떻게 해야 할까?

chapter 07에서 간단히 언급했는데 여기서는 구체적으로 알아보자. 물음표혁명 속에서 살려면 다음 다섯 가지를 일상에 녹여내야 한다.

전두엽을 켜라!

내감과 외감에 마침표가 아닌 물음표를 꽂겠다고 다짐해라. 온몸으로 물음표 레이저를 쏴라. 전두엽을 켜겠다고 다짐하라. 다짐을 잊지 않도록 눈이 자주 가는 곳마다 보이도록 한다.

예를 들어 핵심 문구를 '전두엽을 켜자!'라고 했다면 생활하는 공간의 구석구석(책상, 거실벽, 욕실, 화장실, 부엌, 자동차 핸들 등)과 사이버 공간(카톡 대화명, 스마트폰 바탕화면, 컴퓨터 모니터 등)에 '전두엽을 켜자'라고 써 놓는다.

책과 같이 살아라! 책에 미쳐라!

그래야 내공을 쌓을 수 있다.

'1년 365권 책을 읽겠다. 순간순간 책과 같이 살겠다!'라고 다짐하고 책에 미쳐라. 책을 최우선 순위에 놓아 틈만 나면 손에 책을 잡아라. 그래야 '뇌'가 달라지고 '내'가 달라진다.

어디에 있든 쉽게 책을 손에 잡을 수 있도록 곳곳에 책을 놔둔다. 화장실 갈 때든 무얼 할 때든 짬이 조금이라도 나면 책을 잡는다. 책 읽기를 방해하는 것들을 치운다. TV는 당연히 치우고, 컴퓨터나 스마트폰을 사용할 때는 '내가 지금 이것으로 무엇을 하려고 하지? 꼭 필요한 일인가?'와 같이 전두엽을 켜는 물음표를 꽂는다.

스마트폰 대신 책을 집어 들겠다고 마음먹으면 바로 해결된다. 또한 도서관이랑 친해져라. 여러 군데 도서관에 회원증을 만들고 도서관에 자주 나들이를 간다. 책을 읽고 나눌 수 있는 모임을 알아보고 참석하면 더욱 좋다.

글똥누기를 해라!

언제든 글똥누기 노트를 챙겨라. 아침에 일어나서든 잠자기 전이든 매일 조금씩이라도 글똥누기를 한다. 특히 힘들 때, 기분이 안 좋을 때, 화가 나거나 우울할 때는 '꼭' 글똥누기를 하도록 한다. 컴퓨터 타자로 해도 되니 온라인과 오프라인을 병행해도 된다.

일상에 꿈을 녹여내 살아라!

미디어 기기는 끄고 꿈을 켜고 살아야 한다. 꿈을 켜면 전두엽이 켜진다. 꿈이 켜지면 나다움을 꽃 피우게 된다. 그러니 일상에 녹아 있는 것이 미디어 기기가 아닌 꿈이 되도록 해야 한다.

'오늘 하루 어떻게 내 꿈을 녹여내서 살까? 지금 내가 할 수 있는 일은 뭘까? 내가 해야 하는 일은 뭐지? 내 에너지를 어디에 얼마나 써야 하지? 지금 하는 일에 내 에너지의 몇 퍼센트를 쓰고 있지? 내 에너지의 100%를 쓴다면 못 할 일이 있을까? 어떤 일에 도전해 볼까?'

해야 하는 일, 하고 싶은 일을 우선순위로 정해 삶에 녹여낸다.

그래야 내가 가진 에너지를 정말 필요한 곳에 쏟을 수 있다. 꿈을 일상에 녹여내야 '살아 있음'을 느낄 수 있다. 꿈은 제2의 가슴을 뛰게 만든다. 꿈은 꾸는 것이 아니라 사는 것이니 여러분의 삶을 '꿈을 사는' 것으로 채워가도록 한다.

몸에 긍정의 기운이 흐르도록 해라!

틈틈이 그냥 씨~익 웃어라! 그리고 만세삼창을 하며 기지개를 쭈~욱 켜라!

아침에 눈 뜰 때, 거울을 볼 때마다, 얼굴 표정이 굳었다는 것을 알아차릴 때마다, 가끔씩 몸이 찌뿌둥할 때, 위축되었다고 느낄 때, 특히 부정적인 기운이 자리 잡으려고 할 때마다, 그냥 씨~익 웃어라. 하루 중 틈틈이 그냥 씨~익 웃는다. 또한 만세삼창을 하며 기지개를 쭈~욱 켜도록 한다.

물음표혁명이 시작되기를 간절히 바란다. 뜬구름 잡는 혁명이 아닌, 일상에서 혁명이 시작되기를 간절히 바란다. 혁명의 출발점이자 완성점은 일상을 작품하는 것이다.

물음표혁명으로 일상을 작품하면 생각하는 사람이 되어 사람다움을 간직하며 살 수 있고, '나다움'을 꽃 피우며 살 수 있게 된다.

창조가 일어나기 위해서는 독창성을 발휘할 수 있는 분위기 형성이 중요하다고 한다.

우리나라도 세종대왕 시절 활발한 창조활동이 일어났다. 아마도 세종대왕이 창조적인 분위기를 조성했을 것으로 생각된다. 과학을 장려하여 측우기, 해시계를 만들게 하였고, 세계에서 가장 위대한 문자라고 하는 한글을 창제하지 않았던가!

이런 창조적인 환경에서 꼭 필요한 요소는 서로 질문을 하면서 토론하는 분위기라고 한다. 유대인들이 독창성이 높은 이유는 가정에서나 학교에서나 서로 질문하는 분위기 때문이라고 한다. 유대인들은 어떤 사람이 질문하면 답을 하고 나서 다시 질문하는 독특한 문화를 가지고 있다고 한다. 바로 이 점이 그들을 창조적으로 만든 것이다. 사춘기 이전의 아이들에게 '남들의 생각은 그렇더라도 나는 어떻게 생각하나?'와 같이 자신에게 묻는 태도를 갖게 해야 한다. – 『앞쪽형 인간』

이제 우리는 다시 잃어버린 물음표를 찾아야 한다. 전두엽을 켜주는 우리의 문화를 다시금 만들어야 한다. 그러려면 학교 교육에서부터 생각을 '하는' 존재가 되도록 하는 내용을 다루면 얼마나 좋을까? 우리의 옛 교육 교재로 사용했던 인문 고전이 부활하면 얼마나 좋을까?

여하튼 물음표 속에서 사는 한국인! 전두엽을 켜주는 문화가 만들어지는 대~한민국! 이 되길 간절히 바라고 또 바란다.

전주에 올라가면
위험하다?

Chapter 01 전주에 올라가면 위험하다?

'아이들이 학교에 들어갈 땐 물음표를 달고 들어가지만 나올 때는 마침표를 찍고 나온다.' – 닐 포스트 먼

유치원을 다니지 않았던 나는 초등학교에 들어가기 전까지 '왜요?'를 달고 살았다. 그런데 '왜요?'라고 물으면 어른들이 싫어할 뿐 아니라 제대로 대답해주지 않는다는 것을 알게 되었다. 그래서 어느 순간부터 어른들이나 다른 사람들에게 물어보지 않기로 스스로 결정했다. 또한 내 안에 가득했던 물음표는 초등학교를 다니기 시작하면서부터 사라지기 시작했다. 교과서 내용 이외의 것에 대해 궁금해 하면 안 되고 시험에도 교과서 내용만 나온다는 것을 알았기 때문이다. 여하튼 그렇게 나는 나도 모르는 사이 물음표를 잠재우며 살아가기 시작했다.

1. 어릴 적 이야기 : 전주(電柱)와 전주(全州)

어릴 적 생각이 난다. 초등학교 저학년 때이다. 나는 초등학교 3학년까지 전라북도 군산에 살았다. 집에서 학교까지 가려면 20분 이상을 걸어가야 했는데 걸어가는 내내 여기저기를 둘러보며 다녔다. 그런데 이상한 것이 하나 있었다. 거리에 세워진 모든 전봇대에 빨간색으로 '전주에 올라가면 위험합니다.'라고 쓰여 있었던 것이다. 그때마다 '왜 전주에 올라가면 위험하지?' 궁금했지만 다른 누군가에게

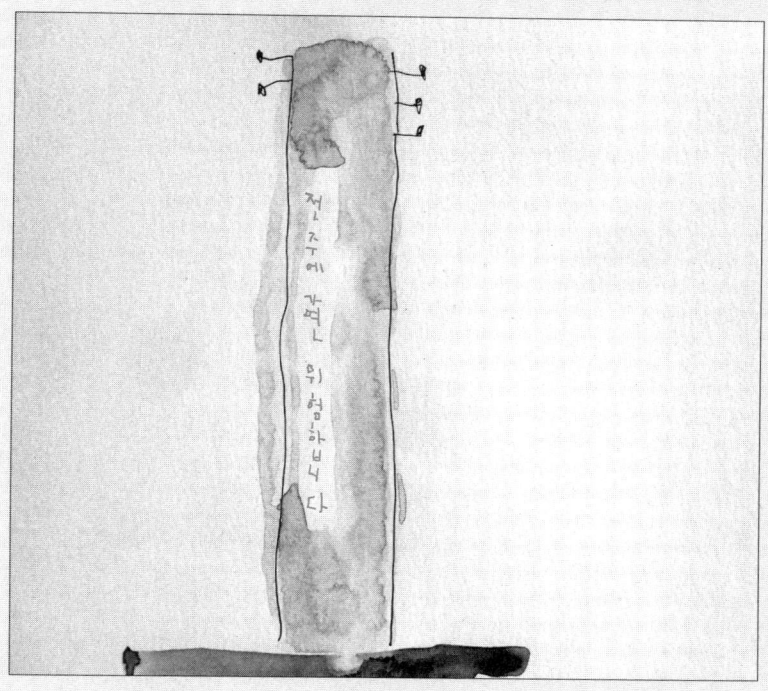

물어보지는 않았다. 그 동안의 경험을 통해 물어보지 않는 게 낫겠다라고 생각했기 때문이다.

전주는 군산과 가까운 도시였기에 전주라는 단어가 낯설지 않았다. '왜 전주가 위험하지? 전주동물원에 갔을 때도 전주가 위험한지는 모르겠던데… 왜 전봇대 한 개도 아니고 모든 전봇대에 저렇게 쓰여 있는 걸까? 내가 모르는 무슨 위험한 것이 전주(도시)에 있는가보다.'라고 나름의 결론을 내렸다.

그렇게 묻어놓았던 것을 한자를 배우고 나서야 알게 되었다.

'아~ 전주는 그 전주(全州 : 도시 이름)가 아니구나! 전주(電柱)는 전기가 이동할 수 있게 세워놓은 기둥을 말하는 거구나!'

이 이야기는 '전주가 위험합니다.'라는 문구를 만났을 때 물음표 꽂기를 통해 어떻게 뻗어나갈 수 있는지 알아보기 위해 내 어릴 적 경험을 예로 든 것이다. 물음표를 꽂고 살아가는 사람이라면 '전주에 올라가면 위험합니다.'로 만나게 되는 영역이 무궁무진하다.

도시 이름에 물음표 꽂기

'왜 전주에 올라가면 위험해요? 전주는 군산이랑 가까운 도시잖아요.'

이런 질문을 받았을 때 바로 전주를 한자로 풀어서 전주는 도시 이름이 아니라, 전기가 이동할 수 있게 세워놓은 기둥이라고 알려주기보다는 물음표를 만날 수 있도록 안내하는 것이 좋다. 도시 이름인 전주, 군산부터 시작하면 된다. '왜 도시 이름을 전주라고 지었을까? 군산이라고 지었을까?'

지역 이름이 그냥 정해진 곳은 단 한 곳도 없다. 이름이 정해지기 까지의 숨어 있는 이야기가 있다. 잠깐 옆으로 빠지겠다.

강원도, 전라도, 경상도, 충청도, 호남지역, 영남지역, 영동, 영 서…

왜 이렇게 부르는지 모르는 사람들이 많다. 모르는 근본적인 이 유는 마침표 때문이다. '강원도 . 전라도 . 경상도 . ' 이렇게 마 침표를 찍으면 거기서 끝난다.

'강원도 ? 왜 강원도라고 하지 ? 전라도 ? 왜 전라도지 ? 경상도 ? 왜 충청도라고 할까 ? 영남, 영동, 영서는 왜 그렇게 부 르는거야 ? 태백산맥은 ? 소백산맥은 ? '

이름이 그냥 정해진 것은 정말 하나도 없다.

'강원도는 대표 도시인 강릉과 원주의 첫 자를 딴 것이구나.'라고 알게 되었다면 다시 물음표를 꽂아야 한다. '다른 도시들도 있었을 텐 데 왜 그 도시들이 대표가 됐을까?'

도시 이름과 명칭은 여기까지 하고 다시 전주(電柱)로 가보자.

한자어로 물음표 꽂기

전주(電柱)의 '전'은 전기 전(電), '주'는 기둥 주(柱)이다. 모두 한자이다. 물음표를 꽂기 시작하면 한자의 세계에 빠지지 않을 수가 없다.

'전기 전을 왜 이렇게 쓰나요? 기둥 주는 왜 이렇게 써요? 한자는 뭔가요? 우리는 우리말과 글이 있는데 꼭 한자를 써야 하나요? 한자 를 안 쓸 수는 없나요?'

한자는 아주 재미있다. 한자가 왜 그렇게 생겼는지 글자 모양에는 어떤 이야기가 숨어 있는지를 찾아가는 여행을 하면 상상력이 끊이지 않는다. 다만 한자 급수를 따야한다는 '결과'에 치우쳐 한자 배움의 즐거움을 고통으로 바꾸는 것은 문제가 있다고 생각한다. 한자 급수가 아니라, 소학부터 시작하면 어떨까? 우리의 옛 서당교육이 지금의 학교 교육에 들어오면 어떨까?

'전주'는 다시 과학으로 연결된다.

'전기는 뭐에요? 전기를 어떻게 만들어요? 전기를 이동시키는데 왜 선이 필요해요? 전깃줄 안에는 어떤 선들이 들어 있나요? 전기를 이동시키려면 꼭 선이 있어야만 하나요? 전기는 누가 발명했나요? 전기에너지는 어떻게 빛에너지로 바뀌나요? 전기가 없으면 어떻게 되나요?'

'전주는 왜 돌로 만들었어요? 처음부터 돌로 만들었나요? 돌로 만들면 무거워서 옮기기도 힘들텐데 나무 같은 걸로 만들면 안 되나요? 만약 전깃줄이 끊어지면 어떻게 되나요?'

'자세히 보니 그냥 돌이 아니라 시멘트 같은 걸로 만든 것 같은데 시멘트는 어떻게 만들어요? 집 만들 때도 시멘트를 사용한다는데 어떤 과정을 거쳐 시멘트가 만들어지는 건가요?…'

마침표를 찍지 않고 물음표를 꽂으면 끝이 없다. 마침이 없다. 꼬리에 꼬리를 물고 이어지게 된다.

2. 물음표는 하나의 영역에 갇히지 않는다

'전주에 올라가면 위험합니다.'에서 살펴보았듯이 물음표는 모든 영역을 넘나든다. 지식은 원래 서로 연결되어 있다. 하지만 우리는 연결된 지식보다는 영역을 나누어 쪼갠 '조각 지식'을 배운다.

영역을 나눈 본질적인 이유는 이해를 쉽게 하기 위해서이다. 쉬운 이해를 위해 일정한 기준을 정해 구조화하여 분류한 것이다. 그런데 영역을 나눈 본질은 잊어버린 채 지식의 단편화 현상이 일어났고, 그 경향은 갈수록 심해지고 있다. 단편화 된 지식은 생명력을 잃은 것이고 갇혀 있는 것이고 죽어 있는 것이다.

심각한 지식의 단편화 현상에 주도적인 역할을 하는 곳이 바로 학교다. 학교교육은 학년 교육과정에 따라 만들어진 '교과서 안의 내용'으로 지식의 영역을 제한시켜 놓았다. 교과서에서만 다루는 지식(단편화된 지식)이 아이들의 호기심을 앗아가고 있고, 생각하는 능력인 물음표를 잠재우고 있다. 해당 학년(나이)의 교과서 지식을 벗어난다 해도 단순히 고학년의 선행학습을 뒤쫓고 있을 뿐이다. 본질(알맹이)은 사라지고 현상(껍데기)만 남았다고 해야 할까? (※ 교육과정의 교과지식은 체계적인 편이다. 물론 몇 차 교육과정이냐에 따라 체계성의 편차는 있지만 대체로 기초부터 쌓아갈 수 있도록 안내하고 있다. 그런데 치명적이고 심각한 문제는 교과서 지식에 절대성을 부여한 것이다. 교과서 지식에 절대권력을 줘 버려서 교과서 외의 지식은 생명력을 잃게 되었다. 교육과정을 벗어난 지식은 죽은 지식이 되어 버렸다. 거기에 큰 몫을 하는 것이 객관식 시험이다. 교육 얘기는 뼈에 사무치지만 지금은 침묵.)

모든 영역을 넘나들며 서로 연결시켜주는 물음표는 지식의 단편화 현상을 막아준다. 그렇기 때문에 마침표 대신 물음표를 꽂아야 한다. 물음표는 단편화 된 지식에 생명력을 주고, 서로 연결시켜 여러 영역을 넘나들도록 한다. 이것은 물음표만이 할 수 있는 일이다.

물음표를 만나려면 바깥 소리를 잠재우고 자신의 소리에 귀를 기울여야 한다. 그런데 주변 상황이 이것을 쉽게 용납하지 않는다. 스마트폰, 컴퓨터, TV와 같은 각종 미디어 기기들이 삶에 깊숙이 침투해 있기 때문이다. 바깥으로만 에너지를 쏠리게 하는 (이미 그렇게 완성된) 공간 속에서 살고 있기 때문에 물음표를 만나기가 힘들다.

학생의 경우 여기서 한 걸음 더 나아가 물음표를 만날 수 있는 시간 자체가 없다.

'교과서 지식을 의무적으로 알아야 한다. 그래야 대학 가고 좋은 직장을 들어가고…'라는 명목 하에 학교, 학원, 과외 등으로 스케줄이 꽉 짜여 있어 스스로 물음표를 만날 수 있는 시간이 주어지지 않기 때문이다. 생각 하지 않는 어른들이 만든 틀 속에 갇혀서 살고 있다고 해야 할까?

그 결과 많은 학생들은 물음표를 마음껏 꽂는 능력을 사용조차 못해 본다. 또한 배운 지식이 서로 연결되지 못하고 단편화 되어 단순 암기 수준에서 그치고 만다.

앨빈 토플러가 『부의 미래』에서 말한 것처럼 학교 교육은 아직도 산업시대 방법을 고수하고 있다. 생각하는 능력을 발휘하지 못하도록 지식을 가둬 단편화하려고 한다. 그렇다면 어떻게 해야 할까?

그런데 생각하는 능력을 맘껏 발휘하려면 기존의 학습 방법으로는 되지 않는다. 지금까지는 밖에서 억지로 물음표를 꽂으려고 했다. 그래서 물음표는 죽어가고, 마침표가 지배하는 결과를 초래했다. 이제는 죽어가는 물음표가 살아 숨 쉴 수 있도록 해야 한다. 스스로 물음표를 꽂도록 해야 한다. 그러려면 이 영역 저 영역을 자유롭게 넘나드는 물음표를 가둬놓지 말고 풀어놓아야 한다.

신나게 물음표를 좇아가기 위한 학습 공간으로 도서관보다 더 좋은 곳은 없다고 생각한다. 다양한 영역을 넘나드는 물음표를 따라가려면 다양한 지식들을 만날 수 있어야 한다. 그것이 가능하도록 하는 곳은 도서관이다. 다양한 책들이 살아 숨 쉬는 도서관에서 아이들은 단편화 된 지식이 아닌 살아 있는 지식을 만나갈 수 있다.

지금의 도서관은 다소 딱딱한 느낌이 강한 편이므로, 도서관에 책만 있는 것이 아니라 몸과 마음이 함께 놀 수 있는 놀이와 공간^(자연과 함께 하는 각종 체험이나 놀이, 체육관, 악기를 다룰 수 있는 음악실 등)이 같이 있다면 좋을 것이다. 그런 곳이라면 뇌는 물음표를 만나 재미있게 놀고, 몸과 마음은 느낌표를 만나며 놀 수 있을 테니까.

'놀이' 그리고 도서관을 중심으로 한 공부가 만날 때 생각하는 능력이 깨어나기 시작하고, 단편화 된 지식에 생명력을 불어넣게 되며 물음표 또한 살아 숨 쉬게 되지 않을까? (※『기적의 도서관 학습법』, 『내 아이가 책을 읽는다』, 『아이들은 놀이가 밥이다』참고)

세 번의 혁명을
경험하면서

Chapter 02 세 번의 혁명을 경험하면서

새로운 세계를 만나는 혁명이 나에게도 있었다. 이 부분은 내가 만난 혁명에 대한 지극히 개인적인 이야기이다.

1. 첫 번째 혁명 : 직장을 그만두고 하고 싶은 일을 시작하다

(※ 첫 번째 혁명 부분은 내 별칭 중 하나인 '축복'을 사용해 3인칭 시점으로 썼다.)

'축복'은 철도대학 경영정보과를 졸업했다. 원하던 대학에 떨어지고 재수는 하기 싫고 원서를 어디에 쓸지 고민하던 때에 가정 형편이 어려운 것을 잘 아셨던 학년 주임 선생님이 권해 주셨다. 대학의 낭만이라곤 찾아보기 힘든 고등학교 같은 학교였지만 IMF의 한파로 인한 경제위기와 맞물리면서 축복은 취직 걱정을 해보지도 않은 채 졸업하는 날 국가행정직8급인 행정서기로 임용된다. 그렇게 직장생활을 시작한다.

선생님을 만나다

축복은 하비람(삶을 예술로 가꾸는 사람들)을 통해 삶의 선생님을 만났다.

2002년 8월 8일. 사실의 세계를 보았던 그때를 잊을 수가 없다. 그날은 축복에게 첫 번째 혁명이 시작된 날이다. 마침표만 찍고 살다가 선생님을 만나면서 '물음표'가 꽂혔는데, 그 물음표가 '느낌표'로 바뀌었던 순간으로 온 몸이 느낌표로 가득 채워진 순간이었다.

> 선생님 : 축복님, 시방 느낌은?
>
> 축 복 : 쇼킹하고 충격적입니다.
>
> 선생님 : 뭐하고 싶습니까?
>
> 축 복 : 날아갈 것 같고 날아가고 싶습니다.
>
> 선생님 : 그래. 그럼 날아봐. (그렇게 말씀하시면서 하덕규의 '자유' 노래를 틀어주셨는데 그때 축복은 걱정했다.)
>
> '큰일났다. 난 춤이라곤 전혀 못 추는데 어떡하지?' 그러면서 천천히 일어나는데 오른팔이 화악하고 저절로 돌아가면서 축복은 날게 된다.
>
> "하 하 하 하 하" 천진난만한 웃음과 날아가는 새처럼 거리낌 없는 몸놀림. 그렇게 축복은 날게 된다.
>
> '아~ 이렇게 춤추고 싶어 했구나. 이렇게 살고 싶어 했구나.'

뺨을 스치는 바람, 내 코로 들어는 숨, 손끝으로 느껴지는 바람의 숨결과 촉감, 바람과 함께 춤추는 나무와 꽃, 눈물 나게 아름다운 하늘… 모든 것들이 불과 일주일 전에 보던 것이 아니었다.

'왜 이런 걸 못 보고 살았을까? 어떻게 이런 걸 못 느끼고 살았지? 사실의 세계가 바로 이런 세계구나!' 감사가 저절로 올라왔다.

하고 싶은 것을 찾아가는 여행을 시작하다

'내가 하고 싶은 것은 뭘까? 그래! 춤이다. 난 춤출 때 가장 행복하고 그 일이 내가 하고 싶은 일이니까!'

그렇게 2003년 축복은 춤과 접촉이 된다. 광명평생학습원에서 춤세라피를 배우기도 하고 국립국악원에서 일반인 대상으로 하는 한국무용 단기반에서 한국무용도 배워 본다. 그렇게 찐~하게 춤을 만나며 배워간 기간이 3개월 정도. 짧은 기간이었지만 찐~하게 만나보니 알게 된다.

'이건 내가 하고 싶은 일은 아니구나! 그냥 좋아하고 취미로 즐기고 싶은 분야일 뿐이구나. 도대체 내가 하고 싶은 것은 무엇일까?'

2004년 5월 쯤 축복은 '다른 부처로 옮겨야겠다!'란 결정을 한다. 철도청이 공사로 전환되기 전에 다른 부처로 옮겨 공무원으로 남기 위해서이다. 당시 7급이었던 축복은 특허청 전입시험을 보기 위해 대전정부청사를 두 번 간다. (1차 시험인 영어와 컴퓨터 시험을 보기 위해 한 번, 2배수로 걸러진 2차 면접시험을 보기 위해 또 한 번)

2차 면접대상자는 28명이었는데 알고 보니 28명중 27명은 모두

7급 공채 출신이었고 1명 축복만 8급 특채 출신이었다.

면접관이 '특채네요? 철도대 나와서 공무원 됐으면 남아서 일할 생각을 해야지, 왜 딴 데로 옮기려고 합니까? 젊은 사람이 그런 정신 자세로 어떻게 세상을 살아가려고 합니까?'

면접이 아닌 짓밟음이었다고 해야 할까? 인생을 살면서 그날처럼 짓밟힌 듯한 느낌은 처음이었다. 기분이 몹시 나빴고 그만큼 강렬했다. 하지만 그 경험을 통해 '축복'은 알게 된다. 면접을 보고 서울로 올라오는 길에 '물음표'가 딱 꽂힌다.

'지금 뭐하고 있는 거지? 축복! 너 지금 뭐하고 있는 거야?'

어떻게든 먹고 살기 위해, 안정된 직장을 구하기 위해 버둥거리는 모습을 그때서야 보게 된다. 그 경험을 통해 '내가 정말 하고 싶은 것은 무엇일까?'라는 물음표를 만나게 된다.

'내가 정말로 하고 싶은 일은 무엇일까?'라는 물음표를 온몸에 꽂고 하루하루를 살았다. 24시간 그 물음표가 떠난 적이 없었다. 그런데 답을 찾을 수가 없었다. 도통 알 수가 없었다. 학교 교육 속에서 꿈을 모르는 인간이 되어 살아왔기에…

그렇게 꼬박 21일이 채워진 날. 10여 년 전에 알고 있던 지인에게서 전화가 온다. 통화 중에 듣게 된 '교대'라는 두 단어가 뇌리를 떠나지 않는다. '내가 하고 싶은 일이 뭐지?'라는 물음과 '교대'라는 단어가 딱 만났다.

'아~ 맞다. 초등학교 선생님! 이거 내가 정말 하고 싶어 하던 일이었는데… 난 아이들이 좋았는데…' 가슴 떨림이 시작된다. 가슴이 뛰어서 누워 있을 수가 없었다.

초등학교 선생님이 되려면 수능시험을 다시 봐야 한다는 것을 알고서 교대 입시요강과 2005년 수능시험제도를 알아본다. 책을 놓은 지 9년 만에 교대 입학을 위한 공부를 시작한다. 평소 8시쯤 일어나 출근 준비를 하던 축복은 새벽 3시에 일어나 수학부터 공부하기 시작한다. 그런데 업무가 많기로 소문난 곳으로 갑자기 발령이 난다. 업무에 치이다 보니 제대로 공부할 수 있는 시간은 하루에 2시간 남짓.

축복의 고민이 시작된다. '어떡해야 하나? 이대로 가면 공부를 할 수 없는데. 올해 꼭 가야 되는데…' 고민은 한 달을 넘어간다. 수능 날짜는 다가오고, 공부할 분량은 많고, 그렇다고 올해를 그냥 넘기자니 마음이 너무 불편해 하루를 살기도 힘들고, 그러다가 생각한 것인 병가였지만 그것도 안 되고, '그렇다면 직장을 그만두는 방법밖에 없는데 그럴 수는 없지! 내가 벌어야 되는데, 아직 남은 빚도 있는데…'

고민에 고민을 하다가 새로운 물음표를 만나게 된다.

'직장 그만둘까?' 대답은 당연히 '안 되지!'였다.

'일정 소득이 없으면 어떻게 살아? 들어오는 돈이 있어야지. 절대 그만둘 수 없지!' 그러다가 대답이 조금씩 변해간다.

'그만두면… 내가 그만둔다면?'

'그만두자! 그만두면 되네!'

그만둬야겠다고 결정한 날. 마치 돌덩이를 매단 것처럼 무겁고 무거웠던 마음은 새털처럼 가볍게 날기 시작했다. '아~ 이렇게 가벼운데…'

'직장을 그만둬선 안 된다!'라는 틀을 넘어서기까지의 마음고생과 그걸 넘어섰을 때의 가벼움을 경험하게 된다. 수능시험을 45일 남겨두고 축복은 직장을 그만두고 공부에 전념한다.

2004년 11월 17일 (수능시험일) 4교시 과학탐구영역.

대부분의 수험생은 4과목을 선택하는데 축복은 공부할 시간이 부족해 2과목만 선택했기에 한 과목이라도 실수하면 안 되는 과목. '생물에서 헷갈리는 게 2개 있었는데 모르겠다. 생물이 몇 등급 나올지가 관건이구나.'라고 생각하고 성적을 기다린다.

2004년 12월 14일 (수능성적발표일)

'생물 4등급'이란 성적표를 받아들고서 충격과 멍해짐과 암담함과 눈물.

전 과목을 골고루 1등급(못 맞아도 2등급)을 맞아야 교대에 원서를 쓰는데 생물 점수를 커버할 수 없는 상황. 또 비교내신이라 생물 점수 때문에 내신 점수가 바닥을 친 상황. 원서조차 써 볼 수 없는 성적.

'이럴 줄 알았으면 좀 빡세더라도 과학 4과목을 선택해서 시험 볼걸. 그랬으면 잘 본 과목을 고르면 되는데…' 후회도 해보지만 어차피 지나간 일이고 내가 선택한 일.

충격… 멍함… 슬픔…

성적표를 받은 날부터 3일 동안 내 안으로의 깊은 여행이 시작된다. 산을 오르며 그 동안의 생각들과 마음들을 만나게 된다. 당시 읽고 있던 『의식혁명』이란 책을 통해 마음과 생각들이 선명해진다. '진정한 자존심은 겸손에서 나온다.'라는 책의 한 문장이 심장에 박혔다.

처음 교대를 가야겠다고 결심했을 때는 '내가 정말 하고 싶은 일이다. 아이들을 만나기 위해 교대를 가야겠다!'라는 마음이었다. 하지만 직장에 사직서를 낼 무렵에는 '교대? 우습지. 내가 교대 가준다. 9년 만에 책을 잡은 거라 해도 두 달이면 충분하지. 내가 합격을 해주마!'라는 마음으로 변해 있었다.

직장을 그만둔다고 하니까 친한 사람부터 거쳐 거쳐 아는 사람들까지 난리였다.

'선생님도 공무원이고 지금 하는 일도 공무원이다. 다 똑같은 거다. 요즘 교대 아무나 못 간다. 두 달도 안 남았는데 자신이 있다고 해도 되겠냐?' 등의 반응들에 대해 자존심으로 반응했나 보다.

처음엔 아이들을 위한 마음에서 출발을 했는데 어느새 겸손은 찾아볼 수 없고 '나 이 정도 된다! 이 정도 실력은 있다.'라는 꼴 같지 않은 자존심으로 중무장을 해 버린 것이다.

수능성적의 충격을 통해 알게 되었다.

'아~ 남에게 보이기 위해 그랬구나. 알량한 자존심 하나 세워보려고 그랬구나. 그렇게 낮은 의식 수준(175인 마이너스 수준)을 가지고 공부를 했으니 안 될 수밖에 없지. 1년 더 하자.'

그런 경험을 하고 06학번으로 대학생이 되고 2010년에 초등학교 선생님이 되어 지금은 아이들을 만나가고 있다.

2. 두 번째 혁명:
책과 함께 살기 시작하다

막상 초등학교 선생님이 되니 이론과 실전이 다르다는 말이 확 와 닿았다. '아이들을 안내하는 것은 마음만으로는 안 된다. 기술과 실력이 있어야 한다.'는 말을 절감하게 되었다.

하고 싶은 일이 초등학교 선생님이라는 것을 알고 나서 2004년 겨울부터 학생들(초중고)을 대상으로 하는 캠프에 여러 번 참가를 했다. 캠프를 하면서 나름 경험이 쌓였다고 생각했지만 그게 아니었다. 캠프와 학교는 달랐다. 학교라는 공간에서 아이들을 만나는 것이 쉽지 않았다. 교실이라는 제한된 곳에서 정해진 커리큘럼에 맞추어 아이들을 만나는 것이 참 어려웠다.

교실이라는 공간은 피하고 싶다고 피할 수 있거나 벗어나고 싶다고 벗어날 수 있는 곳이 아니라, 다양한 아이들을 한 명도 피하지 않고 만나야 하는 곳이다. 아이들의 말과 행동, 느낌, 표현 등 모든 것이 교실이라는 작은 공간에서 이루어지기 때문에 교실에서 아이들을 만나는 것은 쉬운 일이 아니었다.

어디로 튈지 모르는 아이들을 보며 내 삶의 주도권을 어느새 아이들에게 빼앗겨 버리고 말았다. 아이들에게 소리 지르는 모습, 화를 내는 모습, 아이의 입장은 생각 한 번 하지 않고 내 입장만 생각하는 모습, 나는 문제없고 너희들이 문제라는 생각들, '쟤는 도대체 왜 저런 거야?' 라는 내 안의 비판들, 롤러코스터를 탄 것처럼 하루에도 수

십 번씩 오르락내리락하는 마음들, 빨리 방학을 했으면 좋겠다는 지쳐가는 모습…

'정말 죽을 것 같다. 이젠 더 이상 못 하겠다. 힘이 없어서 쓰러질 것 같다.'라고 느낄 때 시작되는 방학. 방학 동안 충전을 하고서 아이들을 만나기 시작하면 다시 빠져나가는 에너지. 에너지가 전부 빠져나가서 죽을 것 같으면 다시 찾아오는 방학.

'아~ 이래서 방학이 있는 거구나. 방학이 없으면 교사들은 전부 죽었겠구나. 교사라는 일은 방학이 없으면 할 수 없는 일이구나. 누가 교사가 최고의 직업이래? 안 해봤으니 그런 말들을 하지.'라는 내 안의 속삭임들.

두 번째 혁명이 시작되다 : 책 읽기가 일상이 되다

어떻게 살고 있는지도 잘 모르다가 이지성의 『리딩으로 리드하라』를 만나면서 두 번째 혁명이 시작됐다. 『리딩으로 리드하라』와의 만남은 나에게 충격이었다. '아~ 이 책 정말 미치겠다! 미쳐버리겠다!' 라는 표현이 가장 적절한 것 같다.

작가가 이지성이라는 것을 알고서 이지성이 쓴 책을 하나씩 만나가기 시작했다. 그러면서 '꿈도 없이 살고 있구나. 이렇게 살면 안 되겠다. 매일매일 책을 만나야겠다! 하루에 한 권씩 책을 읽자! 1년 365권 책읽기에 도전하자!' 진짜 결심을 했다. 그리고서 정말 죽을 듯이 책을 만나가기 시작했다.

처음엔 그것이 혁명의 시작인 줄 몰랐다. 혁명 속에 살고 있는지도 몰랐다. 지나고 보니 혁명이 시작되었다는 것과 혁명 속에서 살고 있음을 알게 되었다. 그렇게 혁명 속에서 책과 같이 사는 시간이 6개월, 12개월, 18개월… 점점 지나갈수록 '아~ 내가 정말 모르는구나!' 그러면서 또 '내가 내공이 조금씩 쌓여가고 있구나.'를 느끼게 되었다. 아직도 읽을 책은 많고 가야 할 길은 멀다.

두 번째 혁명이 시작되기 전까지 나에게 책과의 만남이 가능했던 시기는 오직 방학 때뿐이었다. 방학 때는 책을 읽을 수 있지만 학기 중에는 바빠서 책을 못 읽는다는 고정관념을 가지고 살았다. 그런데 '1년에 365권을 읽자! 하루에 한 권씩 책을 읽자!'라고 다짐을 하니까 틈만 나면 책을 집어 들게 되어 책을 읽는 것이 일상이 되었다.

대한민국을 사랑하게 되다

'사랑하면 알게 되고, 알면 보이나니, 그때 보이는 것은 전과 같지 않으리라.' – 『나의 문화 유산 답사기』 서문

하루도 빠짐없이 책을 만나가기 시작했다. 책이 가진 에너지장(場)에 접속되어 살기 시작했다. 책을 만나면 '이 책 읽어야겠구나. 저 책도 봐야겠는걸?' 그렇게 다른 책들과 연결이 된다. 그러다가 역사책과 연결이 되었다.

학교에서 국사 시간에 배운 역사가 전부인 줄 알고 있었는데 그게 아니라는 것을 알게 되었다. 이덕일의 책들에 한 동안 푹 파묻혀 있다가 '현대사를 다룬 책은 없을까?' 찾았는데, 책꽂이에 꽂혀만 있

던 (학부모님이 선물해주신건데)『김대중 vs 김영삼』이라는 책이 눈에 띄기에 집어 들었다. 두껍기도 하고 제목도 별로 맘에 안 들어서 꽂아만 두었던 책인데 조금 읽어보니 너무 재미있었다. 완전히 푸욱 빠져버렸다. 현대사를 이 책보다 쉽고 재미있게 쓴 책은 아직 못 만났다. 가장 먼저 읽어야 할 책인 듯싶다. 필독이다. 필독!

그렇게 역사를 만나갔다. 그러다보니 대한민국에 녹아 있는 이야기들을 만나게 되었고 대한민국을 이해하기 시작했다. 이해를 하게 되니 대한민국을 더 사랑하게 되었다. 가슴 절절한 사랑이라고 해야 할까? 안타까움에, 슬픔에, 미치도록 가슴이 아프다고 해야 할까?

역사를 만난다는 것은 대한민국에 녹아 있는 이야기를 만난다는 것이다. 대한민국 국민이라면 누구나 대한민국에 녹아 있는 이야기를 알아가야 한다. 누구를 비판하기 위해서 대한민국의 이야기를 알아가는 것이 아니다. 사랑하려면 알아야 한다. 그래야 이해할 수 있고 사랑할 수 있다. 아는 만큼 보이고, 아는 만큼 사랑한다. 대한민국 속에 녹아 있는 이야기를 알아야 그만큼 볼 수 있고 그만큼 사랑할 수 있다.

'진실을 안다는 것은 괴로운 일이다.'라는 말처럼 역사를 알아가는 것이 즐겁지만은 않다. 가슴 아프기도 하고 안타깝기도 하고 화가 나기도 한다. 하지만 사랑은 그런 경험들 속에서 피어나는 것 같다.

3. 세 번째 혁명:
물음표혁명의 시작

책과 함께 살기 시작한 것이 두 번째 혁명이었다. 나에게 두 번째 혁명이 없었으면 세 번째 혁명도 없었을 것이다.

생각이 전혀 없는 아이들, 부정에 쩔어 있는 아이들, 자기가 어떤 말과 행동을 하는지 전혀 모르는 아이들, 정말 대책이 없어 보이는 아이들…

이런 아이들을 만나면서 '도대체 왜 그럴까? 원래 사람이 이런 걸까?' 회의가 들었다. 아이들을 만나는 건 좋았지만 무엇인가 잘못되었다고 느끼기 시작했다. 이건 아니다 싶었다. '왜 그럴까?'라는 물음표를 꽂은 채 얼마를 살았는지 모르겠다. 그러다가 마침내 알아차리게 되었다.

'아~ 생각하는 능력을 잃어버렸구나! 마침표만 찍으며 살구나!'

처음엔 생각이 없는(생각을 안 하는) 아이들에 대한 회의에서 시작했지만 그 모습이 바로 내 모습이란 걸 알게 되었다. 그런 내 모습을 발견하고서 어찌나 충격이 컸던지…

'아~ 내가 생각하는 능력을 잃어버려서 다른 종(種)이 됐구나. 마침표종이구나. 나도 모르게 마침표종이 돼서 마침표의 종(從)으로 살고 있구나. 마침표만 찍는 로봇처럼 사는구나. 사람은 본래 물음표를 꽂고 살아야 되는데, 물음표가 끊임없이 쏟아져야 하는데, 생각하는 능력을 사용해야 하는데, 마음껏 사용해야 하는데 전혀 그것을 발휘

하지 않고 살고 있구나!'

'자동으로 마침표를 찍지 않으려면 어떻게 해야 할까? 어릴 적 넘쳐나던 내 호기심은 어디로 간 걸까? 잠자는 물음표를 깨우는 방법은 무엇일까?…'

생각에 생각을 하기 시작했다. 그러면서 마침표를 물음표로 하나씩 바꿔 꽂아보기 시작했다. 그렇게 조금씩 물음표를 꽂기 시작하면서 '물음표 노트'라는 것을 쓰기 시작했고, 그와 더불어 『대학』에서 말하는 격물치지를 경험하기 시작했다.

잠자는 물음표가 깨어나는 개인적인 경험을 하고 나서야 나는 비로소 '어떻게 하면 아이들의 생각하는 능력을 깨워줄 수 있을까? 아이들에게 어떻게 안내하면 좋을까?'라는 고민에 답을 찾을 수 있게 되었다.

'그래, 내가 해 본 것을 아이들과 함께 해 보자.'

그래서 아이들에게 '물음표 노트'를 쓰게 했다. 미진하게 안내한 부분들도 많았고 4단계까지 경험을 시켜주고 싶어 서두르기도 했지만, 성장하는 아이들의 모습을 볼 수 있어 행복했다.

안내를 하면 80대 20의 법칙처럼 잘 따라오는 아이들도 있고 잘 안 따라오는 아이들도 있다. 잘 안 따라오는 아이들은 내가 어떻게 할 수 없다. '난 하기 싫어 . '라고 마침표를 찍어버리면 다른 누구도 어떻게 할 수 없다. 그래도 포기하지 않고 나름 어떻게든 동기부여를 하려고 애를 썼다.

잘 따라오는 아이들은 성장해 간다. 그런 모습들을 볼 때면 눈물

나도록 고맙고 뿌듯하다. 하지만 이 아이들도 물음표를 일상에 녹여 내지 않으면 단지 좋았던 추억으로, 일회성으로 그치고 만다. 일상에 녹여내지 않는 한 안 된다.

　'사랑하고 사랑하는 아이들이 물음표혁명 속에서 살았으면…' 하는 간절한 바람이 있다. 교복을 입은 아이들, 10대 보이는 아이들을 볼 때면 난 왜 그리도 측은함이 느껴지는지 모르겠다.

Epilogue

Dear
나다움을 꽃 피우며 삶을 여행할 그대에게

맨 처음 내 모습이 생각난다. 가슴에도 마침표를, 머리에도 마침표를 찍고 살던 내 모습이.

마침표를 찍고 살고 있다는 걸 알았을 땐 참 슬펐다. 그렇게 살아온 내 인생이 억울하기도 했다.

내 모습이 그렇다는 걸 알고 나니 다른 사람들이 눈에 들어오기 시작했다. '나도 그러니 저들도 그렇겠지? 모르니까 그냥 머리와 가슴에 마침표를 찍으며 살아가는 거겠지?'

내 눈에 보이는 모든 사람들이 머리에도 마침표, 가슴에도 마침표를 찍고 사는 것처럼 보였다. 그런 모습을 보며 안타까웠다. 그래서 알려주고 싶었고 함께 나누고 싶었다.

머리와 가슴에 마침표가 찍혀 있으면 지구별 여행 중에 길을 잃게 된다고. 머리에는 물음표가, 가슴에는 느낌표가 꽂혀 있어야 사람답게 나답게 살 수 있다고. 우린 그렇게 살려고 온 거라고.

284 물음표 혁명

잠들어 있던 물음표가 깨어나야 전두엽이 켜지고, 꿈이 켜지고, '내'가 켜진다. 그래야 나다움을 꽃 피울 수 있다.

나는 그대가 나다움을 꽃 피우며 살기를 간절히 바란다. 머리와 가슴에 마침표를 찍고 사는 것이 아니라, 머리에는 물음표를 가슴에는 느낌표를 찍고 살기를 간절히 바란다.

그대 삶에 물음표혁명이 일어나길, 그래서 일상에 물음표혁명이 녹아나길 간절히 바란다.

그렇게 혁명 속에서 살며 나다움을 꽃 피우며 사는 그대가 되길 간절히 바라고 또 바란다.

하지만 이렇게 사는 것이 쉽지 않다. 주변에는 마침표만 찍고 사는 사람들이 많고, 사회 시스템을 비롯해 일상에 녹아 있는 많은 것들은 그대가 마침표만을 찍도록 유도할 테니까.

그렇기에 처음 다짐을 했더라도 가다 보면 가끔씩 길을 잃을 수도 있다. 힘들고 지칠 때도 있을 것이다. 하지만 그대가 '나다움'을 꽃 피우려면 흔들리기도 하고 비에 젖기도 해야 한다. 이 세상의 그 어떤 꽃도 흔들리면서 꽃을 피웠으니까. 나다움이라는 꽃도 그런 경험 속에 피는 거니까.

난 그대를 응원한다. 온 몸으로 온 맘으로 응원한다.

응원과 사랑과 긍정의 기운을 가득 담아
상상하우스에서 김재진 드림

참고도서와 추천도서

다음은 이 책에서 언급했던 책을 비롯해 같이 읽으면 새로운 생각을 만날 수 있는 책들이다.

[역사를 제외한 분야]

장길섭, 『삶은 풀어야 할 문제가 아니라 경험해야 할 신비입니다』, 삶을예술로가꾸는사람들. 『삶으로 깨어나기』, 나마스테. 『눈 뜨면 이리도 좋은 세상』, 나마스테. 『가족은 선물입니다』, 나마스테. 나덕렬, 『앞쪽형 인간』, 허원미디어

이지성, 『리딩으로 리드하라』, 문학동네. 『꿈꾸는 다락방』, 국일미디어. 『독서천재가 된 홍대리』, 다산라이프. 『가장 낮은데서 피는 꽃』, 문학동네

조 디스펜자, 『꿈을 이룬 사람들의 뇌』, 김재일 옮김, 한언

톰 피터스, 『와우 프로젝트』, 김영선 외 옮김, 21세기북스

마셜 B. 로젠버그, 『비폭력대화』, 캐서린 한 옮김, 한국NVC센터

바이런 케이티 외, 『네 가지 질문』, 김윤 옮김, 침묵의향기

데이비드 호킨스, 『의식혁명』, 이종수 옮김, 한문화

『대학』, 성균관대학교출판부 혹은 홍익출판사

스티븐 코비, 『성공하는 사람들의 7가지 습관』, 김경섭 옮김, 김영사

웨인 다이어, 『행복한 이기주의자』, 오현정 옮김, 21세기북스

맥스웰 몰츠, 『맥스웰몰츠 성공의 법칙』, 공병호 옮김, 비즈니스북스

박영숙, 『내 아이가 책을 읽는다』, 알마

임영복, 『꿈스케치』, 국일미디어. 이현, 『기적의 도서관 학습법』, 기탄출판

최성애 외, 『내 아이를 위한 감정코칭』, 한국경제신문

편해문,『아이들은 놀이가 밥이다』, 소나무. 하재근,『TV 쇼크』, 경향에듀

고미숙,『공부의 달인 호모쿵푸스』, 그린비.『동의보감, 몸과 우주 그리고 삶의 비전을 찾아서』, 북드라망

강헌구,『아들아 머뭇거리기에는 인생이 너무 짧다1』, 한언.『My Life』, 한언

김병완,『기적의 인문학 독서법』, 북씽크.『생각의 힘』, 프리뷰

김종철,『간디의 물레』, 녹색평론사.『땅의 옹호』, 녹색평론사

박원순,『원순씨를 소개합니다』, 21세기북스.『세상을 바꾸는 천개의 직업』, 문학동네. 변현단,『소박한 미래』, 들녘.『숲과 들을 음식에 담다』, 들녘

하워드 진,『미국 민중사』, 유강진 옮김, 이후.김성오,『육일약국 갑시다』, 21세기북스. 류시화,『하늘 호수로 떠난 여행』, 열림원.『지구별 여행자』, 김영사.『삶이 나에게 가르쳐준 것들』, 푸른숲

말로 모건,『무탄트 메시지』, 류시화 옮김, 정신세계사

문준호,『쓰고 상상하고 실행하라』, 21세기북스

민정암,『우리는 명상으로 공부한다』, 정신세계사

박용후,『관점을 디자인하라』, 프롬북스

에모토 마사루,『물은 답을 알고 있다』, 양억관 옮김, 나무심는사람

에크하르트 톨레,『지금 이 순간을 살아라』, 노혜숙 옮김, 양문

이병창,『에니어그램을 넘어 데카그램으로』, 정신세계사

이현주,『지금도 쓸쓸하냐』, 샨티. 제레미 리프킨,『육식의 종말』, 신현승 옮김, 시공사.

조신영,『성공하는 한국인의 7가지 습관』, 한스미디어. 조성오,『철학 에세이』, 동녘.

조 바이텔 외,『호오포노포노의 비밀』, 황소연 옮김, 눈과마음

존 테일러 개토, 『바보 만들기』, 김기협 옮김, 민들레

최효찬, 『세계명문가의 독서교육』, 바다출판사. 『세계명문가의 자녀교육』, 예담

트리나 폴러스, 『꽃들에게 희망을』, 김석희 옮김, 시공주니어

틱낫한, 『거기서 그것과 하나되시게』, 이현주 옮김, 나무심는 사람. 『얼굴에는 미소 마음에는 평화』, 류시화 옮김, 김영사

하우석, 『100억짜리 기획노트』, 새로운제안. 『내 인생 5년후』, 다온북스

한비야, 『지도 밖으로 행군하라』, 푸른숲. 『그건 사랑이었네』, 푸른숲

현경, 『결국은 아름다움이 우릴 구원할거야』, 열림원

황광우, 『철학콘서트』, 웅진지식하우스. 『위대한 생각들』, 비아북

황농문, 『몰입』, 랜덤하우스. 『공부하는 힘』, 위즈덤하우스

SBS스페셜 제작팀, 『밥상머리의 작은 기적』, 리더스북

※ 동화책 : 황선미, 『마당을 나온 암탉』, 사계절

※ 그림동화책 : 린제이 캠프 글, 토니 로스 그림, 『왜요?』, 베틀북

[역사 관련 분야]

이동형, 『김대중 vs 김영삼』, 왕의서재. 강만길, 『20세기 우리 역사』, 창비

이태진, 『동경대생들에게 들려준 한국사』, 태학사

최문형, 『명성황후 시해의 진실을 밝힌다』, 지식산업사

오주석, 『오주석의 한국의 미 특강』, 솔. 안소영, 『책만 보는 바보』, 보림

윤석연, 『419혁명』, 한겨레틴틴. 조영래, 『전태일평전』, 아름다운전태일

김어준, 『닥치고 정치』, 푸른숲. 이덕일의 책, 강준만의 한국 현대사 산책